高校教育教学改革创新研究

苏晓宇 于 权 左利忠◎著

吉林出版集团股份有限公司

全国百佳图书出版单位

图书在版编目（CIP）数据

高校教育教学改革创新研究 / 苏晓宇，于权，左利
忠著. -- 长春：吉林出版集团股份有限公司，2022.5
　　ISBN 978-7-5731-1487-7

　　Ⅰ．①高… Ⅱ．①苏… ②于… ③左… Ⅲ．①高等
教育－教育改革－研究－中国 Ⅳ．①G649.21

　　中国版本图书馆CIP数据核字(2022)第070112号

GAOXIAO JIAOYU JIAOXUE GAIGE CHUANGXIN YANJIU

高校教育教学改革创新研究

著　　者	苏晓宇　于　权　左利忠
责任编辑	张婷婷
装帧设计	朱秋丽
出　　版	吉林出版集团股份有限公司
发　　行	吉林出版集团青少年书刊发行有限公司
地　　址	吉林省长春市福祉大路 5788 号（130118）
电　　话	0431-81629808
传　　真	0431-85629812
印　　刷	北京昌联印刷有限公司
版　　次	2022 年 5 月第 1 版
印　　次	2022 年 5 月第 1 次印刷
开　　本	787 mm × 1092 mm　　1/16
印　　张	10
字　　数	220千字
书　　号	ISBN 978-7-5731-1487-7
定　　价	58.00元

前　言

　　知识作为无形的生产力为社会创造了极大的财富，也促进着人类社会的进一步发展。而"人"作为社会的主体，其个人的发展状况在受到社会发展情况制约的同时也在反作用于社会的发展。所以要想保证社会处于不断进步的状态，就需要通过教育培养出具有高素质、高能力的创新型人才，为社会创造出更大价值。而要想达成这一目的，高校在进行教育教学的过程中就要做出调整。本书针对我国高校教育教学的现状，对创新型教学理念做了简单的研究，对如何改善教学方法进行了简单论述。

　　在传统的教学模式下，教师扮演了教书匠的角色，对于学生的学习只采取灌输知识这一种方式，很少教给学生探求知识的方法，对于学生探求知识的能力培养得更少，他们的目的就是教书，将现有的知识填鸭式地教给学生，很少把着眼点放在育人方面。此时的"教书"和"育人"是相互独立的。随着信息技术的发展，知识的更新速度急剧加快，学生可接触的知识也在日益增多。此时，如果教师不进行知识的更新，就将无法胜任教师工作。终身学习的理念就是21世纪的生存理念，教育要跟上时代，教师的业务能力也要面向未来。教育教学改革对传统的教书匠的角色提出了挑战，迫使教师向终身学习者这一角色转变。高校教师应当努力学习，不断提高自己的综合素质，拓宽知识面，深入研究问题，努力做好自己的本职工作。

　　近年来，各高校都在实施教育教学改革，在改革的过程中，教师要摆正自己位置。各高校应树立正确的观念意识，开展教育培训工作加大教育教学改革的力度，通过合理的教育教学改革方式促使学生具备创新素养，教师也要做学生锤炼品格的引路人，做学生学习知识的引路人，为教育工作更好地服务。

目　录

第一章　高校教育教学概述

第一节　高校教育教学改革创新的现实意义

高等院校首要的职能是人才培养，而人才培养的任务主要借助一定的方式方法，通过大学教学的实践过程来实现。在大学的教学实践过程中，教学方法的改革对培养人才具有十分重要的意义。特别是在当前深化教育教学改革，优化人才培养结构，创新人才培养模式，全面提高人才培养质量的形势下，大学教学方法通常与教学效果和高等教育质量紧密联系在一起，成为当前高等教育改革的突破口和切入点。如何推动课堂教学方法改革，加强课堂教学方法管理，是高校管理者必须研究和思考的重要课题。

一、高校课堂教学方法改革实践研究的意义

教学方法改革是当今教育改革的一项重要内容，也是现代教学研究一个重要的研究领域。教学方法对实现教育教学目标具有重要影响。为实施素质教育理念，高校教师一直在积极开展教学方法改革的研究与实践，对教学方法存在的问题、解决对策，以及教学方法创新和改革等方面进行了大量研究，为提高教学质量提供了丰富的理论指导和实践经验。但是，对于高校教学管理部门，结合高校的办学理念、办学思想推进教学方法改革，通过教学方法改革达成学校教育教学改革目标，形成人才培养模式和特色这一方面的研究比较少也不系统。

在教学过程中，教师对不同教学方法的运用对于实现教学目标具有十分重要的意义。尤其在当前深化教育教学改革、优化人才培养结构、创新人才培养模式、全面提高人才培养质量的新形势下，高校课堂教学方法通常与教学效果和教学质量密切联系在一起，成为当前高等教育改革的突破口和切入点。在"以学生为本"的教学理念下，教学方法必然从"重视教"向"重视学"转变，高校管理部门、教师也从"研究教"向"研究学"转变。课堂教学方法改革是实施以培养能力为中心的素质教育的关键。因此，一个学校确立教学方法改革的理念，把握科学的改革原则，找到有效的改革实施方式，经管理实

践验证后将改革经验进行理论升华和推广，将为高校推进教学方法改革提供有益的启示和借鉴。

二、高校课堂教学方法改革的实践

（一）提高认识

现代教育观告诉我们，课堂教学的功能是育人。也就是说，教学过程要使学生不仅习得知识，而且在课堂上也需要对学生的学习能力、思维能力、创新意识与能力、语言表达能力，以及发现问题、分析和解决问题的能力等进行培养，所有这些都离不开正确有效的教学方法的运用。如果学生在课堂上只是听讲，不进行思考和分析，不发表意见，教与学不能形成互动，培养上述种种能力的目标也就难以实现。可见，高校管理部门和教师必须充分认识正确运用教学方法对实现教学育人功能的极端重要性。

（二）加强领导，保证改革有序进行

高校校、院（系）两级都要加强对教育教学手段改革工作的领导，各院（系）要制定相应的措施，保证改革有序进行。高校领导、教学管理部门要从培养创新型人才的战略高度重视教学方法改革，进一步转变教育教学观念，把"以教学为中心""以学生为主体""教学质量是学校的生命线"等观念落实、夯实，改变重科研轻教学、重规范管理轻方法创新的工具主义做法，制定有利于调动教学一线教师进行教学方法改革积极性的政策，大力营造提倡教学方法改革的氛围，加大力度，全力推进教学方法的改革与创新。在广泛发动的基础上，动员广大教师积极参与改革、关心改革，并把实施改革的情况作为教师考核和评优的重要内容。

同时，学校应积极以奖励等形式从经费上支持实施双语教学、多媒体教学、基于现代技术的学习、网络教学，视实际效果确定奖励额度。各院（系）要积极划拨配套经费，同时保证奖励经费合理分配到有关教师，充分保护和发挥教师改革的积极性。

（三）教学方法改革的实施方式由"倡导改革"到"有组织的革命性变革"

高校教学方法改革是对传统教学方法全面、系统、彻底的超越，必须是有组织、有计划、有目标的革命性变革，必须在高校内部形成自表层到深层协同转变的规模效应，必须有明确和实际的举措，形成一种文化和制度。高校教学方法的革命性变革，应是高校物质层、技术层、组织层和模式层的协同转变。物质层，比如多媒体教室及其现代化教学设备、设施（计算机、投影仪、实物展台等），是表层化的东西，也是比较容易转变的。技术层，涉及师生日常教学的基本活动和基层教学管理人员的辅助活动。技术层面的变

革基本上是渐进性变革，对原有能力的改造和提升不具根本性。实际上"倡导改革"的着眼点往往在这一层。改革缓慢的一个原因就是改革长期停留在这一层不再继续深化。组织层，包括组织结构、教学流程、管理制度、高层管理等，其在单个价值子系统内实施教育教学水平的提升与技术层不同。组织层才从根本上涉及教学工作的全部，影响所有教学环节的运作，决定更大和更高层面的转变。模式层，是决定教学系统本质特征的关系结构，主要包括高校教育教学的机制、体制和高校文化，高校教学方法革命性变革是一种哲学，也是一种心法，核心和终点都在于模式层的转变，传统的教育思想和教学模式根深蒂固，只有模式和文化成功进行了转型，高校教学方法的革命性变革才能成功。

（四）加强对青年教师教学方法的指导

对青年教师教学方法的指导，需要从多个层面展开，着重抓好三项工作：一是在教研室内部，讲授同类课程的中老年教师可以结合此类课程特点，与青年教师多进行教学方法的交流。二是指导教师在对青年教师进行指导的过程中，把教学方法的指导作为一个重要方面予以高度关注，并适当跟班听课，了解青年教师的上课情况，对青年教师的教学方法做深入具体的指导。三是在学校和二级学院举办的青年教师培训工作中，把教学方法的培训列入重要议程，聘请优秀教师言传身教。当然，青年教师也要主动和优秀教师进行交流，争取得到更多的指导和帮助，并勇于在教学实践中不断探索和创新。

（五）加大教学方法研究、交流和推广应用力度

深化教学方法改革是一项长期而艰巨的任务。在不同时间段，针对不同的人才培养目标、不同的学科（专业）和课程特点，以及不同的教学对象，对教学方法都可能有不同的要求。因此，在各级教学管理中，要把积极推进教学方法改革作为一项重要任务来抓。一是教研室应利用教研活动时间，有计划地组织教师有针对性地开展教学方法研究和交流。二是学校和二级学院（系）召开的教学研讨会，应该将教学方法改革作为一个重要议题，在较广泛的层面上进行探讨和研究。三是在各类相关的教学检查和总结中，应对教学方法改革的推进情况进行动态分析和研究，树立具有优秀教学方法的教师典型和具有专业特色的教学方法典型，并对好的做法和典型经验，及时宣传推广和应用，从宏观层面上将教学方法改革不断引向深入。

（六）提高多媒体教学的使用效果

1.切实加强对多媒体教学设施的管理

多媒体教室由教务处负责统一安排使用，并负责协调；现代教育技术中心负责技术保障和资产管理，确保多媒体设备的正常运行，努力提高多媒体设备的利用率，扩大采用多媒体授课的课程门数，提高采用多媒体授课的学时数，并做好多媒体设施利用情况

的登记、汇总工作。

2. 有重点有选择地实施多媒体教学

各院（系）应根据课程性质的不同，有重点地选择实施多媒体授课的课程，严格审查不适合运用多媒体的课程，防止不适合的课程占据多媒体教室。在实施形式上，要避免"一刀切"，允许采用全程多媒体授课、部分多媒体授课等多种形式；可以购买课件，也可以自制课件。院（系）要加强对多媒体授课效果的检查。

3. 进一步加大对教师的培训力度

教务处与现代教育技术中心要组织多媒体设备使用的技术培训、课件制作培训，提高教师熟练运用多媒体设备的能力和多媒体教学的效果；鼓励教师自行研制、开发多媒体课件。

（七）大力推进基于现代信息技术的教学

1. 切实加强对教学设施的管理

基于现代信息技术的教学设施，由现代教育技术中心负责技术保障和管理，由后勤集团（或物管公司）负责日常管理及清洁卫生，由教务处负责统一安排使用，由各院（系）负责安排和培训专业教师、推荐和提供教学软件。现代教育技术中心负责技术培训与网络教学培训，图书馆负责对师生进行网络学习的培训。

2. 努力提高教学设施的利用率

语音室、自主学习中心、网络教室、电子阅览室、微格教室等要加强管理，全天开放，引导学生将先进技术手段用于学习。相关部门要制定语音室、自主学习中心、英语在线学习系统和微格教室的使用细则，各院（系）要明确规定各年级、各专业学生的使用总量和频率。全体教职工都要引导学生将网络用于学习。

3. 加强数字化教学资源建设，优化网络教学平台

学校应把数字化教学资源（含网络课程资源）建设作为今后课程建设的重要内容和考核验收指标，凡校级优秀课程必须实施网络教学并要取得较好成效。网络课程资源建设的重点是不断完善与优化网络课程的教学内容，使用的主要载体是网络课程课件（光盘和文字教材可以作为辅助的载体）。课件的设计要符合《现代远程教育资源建设规范》和学校制定的《多媒体课件制作和管理办法》。网络教学平台应具备教学资源库、在线作业系统、在线讨论系统、在线测试系统等。网络教学平台必须随着课程计划的变化而不断加以充实和完善，对已经实施网络教学的课程要切实做好维护工作，使之不断优化。

4. 分层次实施网络教学

网络教学可分为两个层次开展：第一个层次是以网上课程为核心，将教学的全过程计算机网络化。教师通过计算机网络（校园网）实施多媒体化的理论教学、课内外辅导、答疑、作业布置与批改，学生可通过网络在线学、测验、提问，以及进行在线考试、师生双向交流等。第二个层次是在线辅助教学，即在保留传统的面对面课堂教学的情况下，把网络作为传统面授的补充，主要是借助网络拓宽师生进行教学活动的有效环境，包括在线提供电子教案（或课件）、参考资料、教学大纲、授课计划、答疑、讨论、测试等。

（八）大力推行课堂教学方法改革

教师角色由"播音员"转变为学生学习的指导者和活动的组织者。在当前，这种"口语＋粉笔＋黑板"的传道授业模式正逐步被有文字、图像、声音、视频、动画的多媒体形式替代，教学过程由讲授说明的过程转变为通过情境创设、问题探究、协作学习等以学生为主体的过程，是教师帮助学生有意义地掌握新的知识、纠正错误的思想和观念、主动地进行构建的过程。教师不再是定性东西的传声筒、照章行事的盲从者，而是发掘资源的向导，是思想和技术咨询的指导者。教师的作用就是精心设计教学过程、创设认识情境、架设认识桥梁，为学生发现知识做铺垫，让学生从知识的发生、发展过程中去发现新知、认识新知，从而积极、主动地参与学习。学生从被动的"听众"转变为主动参与的"演员"，在学习过程中成为发现者、探究者和创造者。

1. 由教"知识"转变为教"方法"

教学应该把以传授知识为主要内容转变到以发展学生智能为主要任务；把侧重学习内容转移到侧重学习方法。在课堂教学中，教师应重视学法的指导，通过理论的讲授，将学习方法和举一反三的思路教给学生。

2. 诱导学生自主学习，激发学生的求知欲

教师想传授给学生知识和能力，那是教师的主观愿望；而学生乐于接受的程度，决定着教师的主观愿望能否实现。如何实现呢？主要靠感染。这种感染是用教师的职业精神去感染，用教师对学生深情的爱去感染，用教师对学生高度负责的态度去感染，用教师风趣幽默、音容笑貌去感染。在这样的课堂上，师生配合默契，学生学习兴致勃勃、思维活跃。

3. 以学法带教法，指导学生学会学习

传统教育以传授知识为根本目的，以教师的教为主，忽略了对学生学习方法的指导。这就违背了教学规律和学生学习的规律。现代教学必须突出学法指导。一是在教学中体现学法，使教和学统一起来。二是不仅给学生知识形成的结果，更重要的是让学生理解知识形成的过程，掌握学习知识的规律，能举一反三、触类旁通。三是指导学生会迁移。四是加强基础知识与基本技能训练，突出实践教学。

4.突出思维训练，培养学生的创新思维能力

教师在教学过程中不论运用哪种教学方法都要注重培养学生的抽象思维能力和形象思维能力，如分析判断能力、概括综合能力，以及发散思维能力、直觉思维能力、想象思维能力等。教师要把思维能力训练贯穿于整个教学中。

5.改革评价方式，培养创新品质

过去，教师判断正误评判、学生得分高低的依据是学生的答案是不是课本上的标准答案，是否按照老师讲的方法去做。正是这样的评价机制导致学生只会围着教师、书本转，养成了安于现状、没有主见、乐于抄袭的学习态度，极大地阻碍了学生创造性思维的形成和发展。因此，要培养学生的创新意识和创新能力，必须改革不合理的、不利于发展学生创造思维的评价机制。在教学中，教师对于学生的学习如能及时、适度地做出评价，就能保持、激励学生的学习积极性；在评价中，教师如能启发、点拨学生，就能有效地训练学生的思维能力。

第二节　高校教育教学方法的现状及问题剖析

知识作为无形的生产力为社会创造了极大的财富，也促进着人类社会的进一步发展。本节针对我国高校教育教学的现状对创新型教学理念做简单的研究，对如何改善教学方法提出简单论述。

进入 21 世纪后，我国的经济、政治、文化、科技都处于飞速发展的状态，在这种发展形势下，社会和国家对高校教育教学提出了较高的要求。为了确保高校所培养的人才能够满足社会的需求，高校在教育教学的过程中也做出了相应的改革。为了确保高校学生具有较好的专业知识、较强的身体素质和心理素质，高校在教育教学的过程中不仅完善了理论教学方式，还通过各种教学活动对实践教学内容做了改善。高校在着重培养学生动手能力的同时，也进一步引导学生如何在未来的生活、工作中将所学知识转化成具体操作，使学生在实现个人价值的同时，也能为社会创造更多的经济效益。所以，如何培养具有高素质和创新思维的人才，是高校现在面临的主要问题。高校要想确保教育教学质量，还需要从学校自身的发展状况入手，实事求是，找出创新教学的方式。

一、高校教育教学中存在的问题

（一）教学内容过于保守

现在我国各高校沿用的教学内容一般都是在学校成立之初设立的，在多年的教育教学过程中，虽然做了相应的修改，教学内容的分布较为合理，但是在实际的教育教学过程中，还是有较多不足的。比如说，不同专业中教材内容的组合不符合时代教育的要求，对教材知识传授的先后顺序也缺乏一定的考量，造成学生在学习的过程中出现知识脱节的现象。在现在的高校中，教育教学的方式一直是以书本为主，以多媒体设备为辅；以教师教为主，以学生主动学习为辅。"填鸭式"教学依旧是影响高校教学效率提升的主要因素。

（二）人才培养与社会需求相脱节

"就业率"是衡量一所高校教学成功与否的标准。在每年高校毕业季之后，我国教育管理部门都会对高校学生的就业率进行调查。虽然近年来各所高校的就业率得到了很大的提升，在高校学生中也不会出现就业难的问题，但是这并不代表每一位高校毕业生都找到了一份适合自己的工作，也并不代表每一个企业都获得了适合本企业发展的优秀人才，有很多学生在毕业以后所获取的工作都与自己在大学中所学知识专业不符。这一现象是由社会发展现状造成的，也是由高校教育教学方式造成的，更是由学生个人的发展状况造成的。对于一些学习能力较差的学生来说，学习自己并不感兴趣的知识是一件难事。而在高校学生中，有很多学生所选的专业并不是自己期望的，也并不是自己擅长的，因此在进行专业进修的过程中，难免会出现懈怠心理。学校在教授这部分学生专业知识的时候也很费力，加之每个教师的教学方式不同、教学能力有限，使得这部分学生在学习的过程中根本没有能力去熟悉掌握专业知识，导致其个人专业素质得不到提高，无法满足社会对此类专业人才的需求。

（三）学校教学管理方式陈旧

在高校教育教学的过程中，一直要求教师要规范教学，统一教学，在确保教学活动具有有效性的同时，也要保证教学内容符合教育的需求。但是，在实际教学过程中，这两项内容似乎不能进行完美的结合。保证教学的规范性和统一性就是要求教师按照传统的教学方式传授知识，教学活动只能固定在课堂中，固定在多媒体设备中。教师一旦按照这种教学管理目标进行教学活动，教育教学的效率就很难得到提高。因为，在此过程中，教师和学生的思维都受到了限制，并不是每个教师都具有丰富的教学经验，使每堂课的知识传授都能达到期望的标准。在这种教学管理模式下，不论是教师还是学生，都很难发挥主观能动性和创造性。

二、教育教学的创新研究

（一）改善教学指导思想

高校教育教学的指导思想一直是以传授学生专业知识为主，使学生在以后的工作过程中能够具有相关的专业技能。但是，在这一教学指导思想落实的过程中，往往存在着很大的偏差，教学成果远远没有期望的好。所以，要想保证高校教育教学能够发挥出最大的优势，就必须要完善教学指导思想；要想改变传统教学理念的束缚，教师在教学的过程中，就不仅要以传授知识为主要目标，还要以启发学生自主理解知识为重要目标，激励学生在学习的过程中构建自己的知识框架，教师在教学的过程中要合理布置知识研究内容，保证每个学生都能主动了解所学知识，加深对所学知识的印象，通过教师的引导来掌握知识。

（二）教学内容的改革

教学大纲作为教师进行教学活动的指导性文件，规定的内容不仅是教师要教授的内容，也是学生所要学习的内容。所以，高校要想对现有的教育教学情况做出改善，首先就应该根据实际教学情况，对学生学习的主要内容做出调整。高校要合理改进教学大纲中的内容，根据时代发展的状况以及学生的学习情况进行教学内容的修改，对于教学大纲中比较落后的教学内容以及不符合时代发展理念的教学内容予以剔除。另外，高校在制定教学大纲的过程中要本着发展的眼光去对待高校教育教学的变化，最好是以阶段性管理为方法，不断更新教学大纲中的内容，保证其能够在特定的时间内发挥出最有效的作用。而其内容更新的时间可以根据学校的发展状况来定，也可以根据社会的发展状况来定，最好是以 10 ～ 12 年为一个期限，根据每代人的发展需求来调整；只有这样才能保证学生所学习的知识符合社会的需求，保证学生获得的知识具有实用性和前瞻性。

（三）深化教学体制改革，完善教学方法

各高校要想适应社会的发展需求，保证培养出的人才能够为国家、为社会创造出更大的经济价值和劳动价值，在教育教学的过程中，就必须做出相应的改革，其中较为重要的就是教学体制的改革，而教学体制改革的重中之重就是管理体制的变化。在如今的高校办学过程中，学校在进行管理的同时要更加注重"以人为本"，保证教师和学生在工作和学习中都能获得保障。在维护学校与教师间和学生间的关系的时候，要充分地发

挥管理制度的公平性和人文性，处理好个体与集体的关系，保证学校能够为学生提供和谐舒适的学习环境，能够为教师提供公平合理的竞争平台，通过结合相应的管理制度使教师在教学的过程中更加注重自己的教学成果，要求教师在教学方式上不断地做出调整，保证教学方法具有高效性。

学校不仅是学生获取知识的地方，更是学生提高个人素质、完善个人能力的桥梁。学校要想使教育教学活动更能发挥出其所具有的优势，就要在教育教学的过程中，让学生进一步明确知识的重要性；要以积极的方式引导学生，让学生明确，知识是提升一个人生命价值的手段。在知识经济时代的今天，学生要想通过良好的方式获得生活所需，就要继续学习，利用知识武装自己，保证在极大的社会压力下，能够找寻到自己奋斗的目标。

第三节　高校教育教学质量提升路径

高校的发展与教育教学质量息息相关，在现代社会快速发展转型的关键时期，教育教学质量已成为高校生存和发展生命线。十九大报告中对推进教育事业做出了重要表述，提出建设教育强国的根本要务，为现代教育事业的发展指明了方向。高等院校应紧抓质量发展这一生命线与风向标，深究影响教育教学质量的各项因素，有针对性地探索高校发展之道。

十九大报告提出建设教育强国是中华民族伟大复兴的基础工程，必须把教育事业放在优先位置，加快教育现代化，办好人民满意的教育。加快一流大学和一流学科建设，实现高等教育内涵式发展，是当前中国特色社会主义事业建设的重心所在，是党和国家对我国高等教育提出的明确要求。高校要以习近平新时代中国特色社会主义思想为指导，深入贯彻落实党的十九大精神和习近平总书记在全国教育大会上的重要讲话精神，发展高等教育事业，构建高校教育教学质量保障体系。提升教育教学质量是当前我国高校发展的主体与共同愿景，也是高校教育教学的核心要务。

一、影响高校教育教学质量的因素

（一）研究现状

在进行高校教育教学质量影响因素的研究时，既要从我国发展实际出发，又要借鉴优秀的研究成果，以优秀的研究成果作为高校教育教学体系构建的基点与抓手；同时，为高校教育教学质量保证体系的执行与落实提供借鉴与参考，提升高校教育教学质量保证体系的实效性与科学性。

（二）国外学者对高校教育教学质量影响因素的研究

美国斯坦福大学教授李·舒尔曼（Lee Shulman）指出，影响高校教育教学的因素是多样化的，并提出在教育教学过程中，教师、学生、课程是主要影响因素。教师层面主要指教师的思想观念、研究能力对教学内容、学术活动、教学活动的影响。学生层面则是指外界环境对学生判断力、思维养成、习惯感知、思想观念等的影响。在课堂层面，Lee Shulman 提出课堂是教师与学生联系的桥梁与纽带，教学活动直接影响着学生的能力。国外学者迈克尔·邓金（Michael J.Dunkin）指出，预知（教师的教育教学经历和体验、专业成长历程及专业认同度）、环境（学生的成长环境、学校环境、社会环境）、过程（课堂教学组织与学生评价）、产出（学生人格成长及变化）是影响高校教育教学质量的主要因素。

（三）国内学者对高校教育教学质量影响因素的研究

北京大学王义遒教授提出，不良社会风气、学生规模快速增长、师资力量不足、教学硬件设施欠缺、学制缩减、教学目标定位不当、管理不到位等是影响高校教育教学质量的主要因素；同时强调，社会风气，即教风、学风是最大的影响因素。广西师范大学周琨武、黄敏认为教育教学质量是多项指标的综合反映，其影响因素主要有教师因素，即教师学识与师德；学生因素，即生源状况、思维与创新能力、学习态度等；教育技术因素，即多媒体等现代化教育设备不齐全、教师操作方法不熟练；课程结构因素，即课程结构不合理；教学管理因素，即高校内部各项管理状况；教学设施因素，即教学设备、图书资料、实验仪器的储备不足；实践教学因素，即实践教学落实不到位。洛阳大学董延寿指出影响我国高校教育教学质量的主要因素在于教育经费投入不足；学校领导过于重视外部规模建设，而忽视了整体教育教学质量的提升；大众化教育教学背景下，生源质量有所降低；教学设施不完备，教学条件有待提升；质量评价体系不完善。

综上，国内外学者主要从教师、学生、教育过程等方面入手，对高校教育教学质量影响因素进行了探索，为本节的研究提供了有价值的理论依据。多数学者侧重于教与学两方面，但影响高校教育教学质量的原因很多，各个环节、各项因素都有可能影响教育教学质量。因此，笔者从教师、学生、课程、教学资源等方面出发，探讨影响高校教育教学质量的因素，以期强化本研究的客观性与全面性。

（四）具体额影响因素

1. 教师因素

教师是教育教学活动的组织者、实施者，教师的水平直接关系着教育教学的质量。在大众化教育发展趋势下，高校扩招趋势明显，师资配备情况不及学生规模扩大之速，导致师资力量薄弱，师资数量欠缺，教学活动负重前行。教师的学术背景、教育能力、专业技能等是开展教育教学活动的基础，但一些教师忽视了对自身知识与技能的更新与补充，很难适应快速发展的高校教育教学要求。另外，有些高校将教师的科研成果作为评价指标，导致教师只专注于科研工作，而忽视了教育教学工作的开展，敷衍应对教育教学各项工作。高校教育教学质量的提升需要教师的全程参与，然而有些教师忙于学术研究及参与社会活动，极少愿意带课，导致高校缺乏高水平的师资队伍。

2. 学生因素

学生是教育教学的主体，更是教育教学质量的决定性因素，学生的自主学习意识与能力直接影响着教育教学的整体质量。尤其是在高校扩招背景下，录取门槛的降低在一定程度上影响了生源质量，越来越多的学生进入大学校园，学生的知识储备、学习能力各异，这无形中就加大了教学的难度。在应试教育的影响下，进入高校的学生仍然固守被动接受知识的习惯，创新思维有待开发。另外，有些学生认为进入大学后课业压力不大，只要保证不挂科能够拿到毕业证即可。因此，一些学生的学习态度不端正，学习目标浅显化，迟到、早退现象极多，严重影响了高校教育教学质量的提升；还有一些学生觉得当下所面临的就业压力极大，在校期间将精力集中于考取各种证书上，无法顾及正常的课程学习，导致高校教育教学质量下降。

3. 课程因素

教育教学活动的开展需要通过课程教学来实现，课程体系、课程结构直接影响着教育教学质量的提升。当前高校教育教学工作普遍存在课程体系构建不完善，教学内容偏向记忆性的理论论述，缺乏创新性教学内容，教材内容更新速度与社会发展需求相脱节，难以有效培养学生的创新思维和创新能力；专业课程建设侧重学科特征而忽略了学科的交叉性，不利于复合型人才的培养。

4. 教学资源因素

教育教学资源包括教育经费、教学设备、实验仪器、图书资源、教学条件等软硬件设施。近年来，国家不断加大高校软硬件设施的投入力度，新媒体教室、语音教室、实验楼等不断改扩建，多媒体设备、实验设施、图书资源不断扩充，但学生规模也在快速扩充，导致学校在软硬件教学资源的投入上仍显滞后。

5. 其他因素

高校教育教学活动是一项系统、复杂的工程，包括诸多内容与环节，各项内容与环节都与教育教学质量紧密相关。教育教学质量的影响因素除了上述因素外，还包括校风、学风建设，实习实践机会，学术研究环境，教学管理理念与管理制度、学校日常管理状况，社会的支持与帮助等内外部因素。

二、提高高校教育教学质量的措施

（一）强化师资队伍建设

教之本在于师，不管何时，教师都是教育教学活动的根本，是教育教学质量得以保障的决定性力量。在高校扩招背景下，学生数量激增，导致师资力量不足，出现教师年龄断层的问题。高校应在教师竞争上岗、学生选课选教师的竞争机制下，创新引入机制。譬如，可以让教师挂牌上课，对于选课人数多的教师给予表扬及实质性的奖励，激发教师教学的积极性；可以提高教师待遇，强化教师教学动力，促使教师全身心地投入教育教学活动中；还可以返聘有丰富教学经验和学术研究能力的离退休教师重返教学岗位，这样就可以留住优质的师资力量，离退休教师可以对年轻教师的教学工作给予相应指导，发挥传、帮、带作用。同时，高校应加大对青年教师的培训力度，提升其专业技能和教学能力，以弥补师资的不足。

（二）优化专业结构设置

第一，以市场需求为导向，调整专业设置。社会需求是高校人才培养的导向，也是高校教育教学的指南。现代社会信息化、科学化发展迅速，需要的是应用型、创新型、复合型的人才。因此，高校在专业结构设置上，应密切把握市场发展动态，强化高校内涵建设，调整学科专业结构，以精品专业打造高校品牌优势，促进教育教学质量的不断提升。

第二，基于专业培养目标，完善教学体系。实现培养目标是完善教学体系的目的。高校教育教学讲究知行合一，学以致用。对此，高校在教育教学体系设计上应统筹理论课教学与实践教学的关系及落实力度；针对不同专业的培养目标与发展需要，合理调整理论教学与实践教学的比例；在教学中根据专业特点与培养需求，适时增减教学内容，使其契合现代高校人才培养需求与未来就业创业需求。

第三，创新教材内容，促进专业发展。高校可根据学科建设需求更新教材内容，采用新编教材，尤其是财经、理工、农医等发展较快的专业需要使用近三年编制的教材，以使高校教育教学内容始终处于时代发展的前沿。

（三）强化学风教风建设

学风，即教育教学环境。良好的教育教学环境能让学生沉浸在积极的学习氛围中，在潜移默化中激发学生学习的积极性。高校在学风建设上，可从规范考风考纪入手。教育家陶行知将考试作弊的危害归纳为欺亲师、自欺、违校章、辱国体、害子孙。对于考试作弊问题，高校管理者应加强监管，通过张贴、悬挂警示语向学生说明作弊之害，严格把控考试过程，利用电子屏蔽仪屏蔽电子设备信号，对学生加大教育与引导力度，严惩作弊行为，在全校范围内营造良好的学习氛围。教风是教育教学的精神、态度与方法的集合，是教育教学的风气，良好的教风可以带动学风。教师是学生的榜样，学高为师，身正为范。因此，高校管理者应加强师德师风建设，着力培养教师的教育思想、职业素养。教师应从自身做起，加强自身知识储备，树立高度的教育责任心与敬业心，对学生有爱心和耐心，认真对待每一堂课、每一个学生，创新教育教学方法，丰富教育教学内容，活跃课堂氛围，努力营造良好的教学风气。优良的教风和学风可以促进教师与学生共同发展，可以为高校教育教学质量的提升营造积极的外部环境。

第四节　高校教育教学改革的动力机制

改革开放以来，我国对教育的重视程度越来越高，尤其是高校教育教学改革更是成为教育行业的主要研究方向。但是，由于教育体系本身具有复杂性，其或多或少存在一些问题。因此，着重于对整体改革过程中的动力机制进行探讨，将有助于教育行业的有效发展。本节旨在针对高校教育教学改革过程中的动力机制问题，结合外部因素和内部因素共同作用，通过两者之间相辅相成的关系，促进动力机制在高校教育改革过程中发挥巨大的作用。

由于"科教兴国""知识就是力量"等教育理念逐步深入人心，高等院校的教育教学改革成为社会共同关注的一个热点问题。根据相关文献综述和资料查询，学者将高校教育改革的主要动力机制分为两个：一是外部动力机制，是促进改革进步的显著诱因；二是内部动力机制，也是实实在在的改革基础和关键。只有将这两种动力机制有效地结合在一起，才能有力地促进高校教育教学的改革，为我国的建设培养优秀的人才。

一、高校教育教学改革动力机制的含义解析

所谓机制，字面意思既可以指有机体的构造、功能及其相互关系，又可以指机器的

构造和工作原理。但是，其在本节中的意思，其实是一种社会学范畴下对领域具体解析的概念，根据相关知识，可以分为推动机制、发展机制、联系机制等。其本质则是用于描述动力和事物发展过程之间运动、发展的内在联系。而推动机制、发展机制、联系机制这三种机制之间的相互联系，能够促进社会有效力量的形成，从而促进事物在历史长河中的发展和变化。这种发展是向积极的方面发展，有助于把低级别的事物引导，并促使事物向着高级别的方向发展。因此，这一机制在高校教育改革的应用过程中，具有显著的重要意义。高校教育教学改革的动力机制就是这样一种宏观变化的机制，在借助外部动力机制的引导作用下，结合内部动力机制这一基础，两者相互借鉴，从而在整体上推动高校教育教学改革的发展。

二、促进高校教育教学改革发展的动力因素

（一）外部动力因素

高等院校与中学和小学的不同就在于其具有相当大的独立性和自由性，无论是上课的形式还是学生自主学习的能力、老师的授课方式等，都具有相当的可变性。但是也有人将高等院校，也就是大学称为象牙塔，认为这是一个与社会脱离的环境。实际上，高校就是一个具有系统性的结合体，不仅仅与内部的学生、老师等发生关系，更是与社会上的各种因素具有千丝万缕的联系。就目前来说，我国主要在高校教育教学改革方面借助政府的调控和师生的参与形成了多种具有促进性的动力因素。其中，外部因素主要指的是社会环境中的因素，如政治、经济、文化、科技等在发展过程中对高校提出的新要求，新动力。不能够忽略的一个方面则是各高校之间由于教育系统不同而产生了竞争，从而形成的外部动力。这些外部动力因素都和高校教育教学改革息息相关，并且在政府和社会、教育家、教师、学生等多方的共同参与下，以行政条令作为标准，以公众参与作为灵活操作手法，来形成一种自下而上和自上而下相互结合的改革平台。

1. 科技因素

在现阶段的中国，乃至世界的发展过程中，科技象征着一个国家现代化、力量化的水平，因此，科技对于高校教育教学改革也具有重要的促进作用和驱动作用。大部分的高校在发展的过程中，由于经济和科技力量的不足，往往在改革的进程中会出现"改革惰性"。教育模式多是沿用传统的"填鸭式"教育，只注重对学生知识能力的培养，而忽略了对其实践能力的促进。科学技术作为一种手动性和操作性极强的动力因素，已经被广泛认知为社会发展的"第一生产力"，从而成为促进整个社会迅速发展的催化剂。高校必须认识到科学技术在高校教育教学改革中的重要性和挑战性，只有有选择性地摒

弃传统教育模式下的改革弊端，借助科技的发展，才能缓解教育进程中先进的要求和落后手段所激发的矛盾。

2. 经济因素

经济是人类在社会生存所必备的物质基础，也是对生活水平、精神层面有效提升的决定性因素之一。因此，它会对高校教育教学改革产生一定的影响。一方面，经济为高校教育教学改革提供物质保障，使得其在改革进程中不受经济条件的制约。另一方面，高校对经济的利用，也将渗透到改革的各个环节中去。例如，高校的管理制度改革，只有在充分经济条件的支持下，各类基础设施才能完备，才能有效改善高校的自然环境、教育环境、生活环境。当然，经济更多的是对高校教育体制、专业结构的丰富性形成做出了巨大的贡献。

3. 人文因素

这类因素主要是由参与高校教育教学改革的多方角色决定的。人们的思想水平、价值观念、心理态度等人文性较强的方面对高校教育教学改革具有重要的作用。传统只注重知识水平的提升，是片面的，只有将人文情怀和实践能力、操作能力等有效地结合在一起，使高校改革过程中的各个主体的思想、观念都焕然一新，才能有效推动高校教育教学改革。

4. 竞争因素

益处进一步发展多是来自同一领域不同层次的高校之间，彼此能够形成有利的竞争和合作意识，使得高校改革成为一把双刃剑，既能够促进益处进一步发展，也能够减少弊端的暴露，并加以改进；辅助以政府、科技、经济、人文等因素，共同促进高校教育教学改革的顺利进行。

（二）内部动力因素

外部动力因素对于高校教育教学改革具有一定的推动性和引领作用，但仅仅这一方面努力是不够的，只有结合学校内部的教育体制、文化生活等内部动力因素，才能够使改革处于时刻变化的状态之中，实时解决改革中出现的相关问题。

1. 人才因素

高校教育最为主要的目的就是为国家的建设培养多方位、专业化的人才。因此，人才因素是促进高校教育教学改革的主要内部动力因素之一。由于生源的扩招和教育水平的提升，越来越多的学生能够进入高校学习，一方面促进了人才的培养，另一方面也预示着我国的高等教育进入了大众化的阶段。高校放低招生要求，学生的质量和能力有可能不会满足学校的要求，因此，大量的学生在毕业之后找不到工作，在无形之中增添了社会的压力。在面对这一消极事态发展的过程中，优秀人才的培养需要成为高校改革的主要出发点。

2. 教育因素

所谓改革就是改掉不好的，提倡向好的方面发展。教育改革则是为了将高校教育教学过程中的不良现象清除，促使整个发展阶段是在社会需要的前提下，朝着优势的方向发展。只有清除现阶段高校教育的弊端问题，对症下药，将不合常理的方面进行控制或者消除，才能够使高校教育教学改革具有意义。

3. 自主因素

自主因素是根据高校在办学过程中具有的办学自主权提出来的，即高校具有自主的决策权、执行权、发展和约束权。但是，这些权利需要社会、政府等上级结构做出保障，将以宏观调控和微观处理的手法结合起来，促进高校的改革能够适应社会的发展要求，从而使其得到一定的保障。

（三）内外部动力因素的联系

内部动力因素和外部动力因素相互结合，彼此提供保障，共同作用于高校教育教学改革进程。这是因为自然界中存在的事物离不开外在力量的推动和内在力量的调控。对于高校改革来说，改革的过程既需要国家、政府以及经济、科技等宏观因素的调控，但也需要结合高校自身的情况，充分发挥其内部师生的自主性和教育资源的公平性，以实现高校教育教学改革的顺利完成。

综上所述，高校教育教学改革需要紧跟时代的步伐，结合外部动力因素和内部动力因素，形成具有协调性的动力机制；无论内外，都能积极做好本职工作，发挥本体的能动性，从而促进高校教育教学改革的成功，为我国人才培养做出巨大的贡献。

第二章　新理念下高校教育教学的基本原则

第一节　高校教学原则新探

本节内容从我国新时代高校教学的视野，对科学性与思想性相结合原则、启发性与创新性相结合原则、专业性与综合性相结合原则、理论与实际相结合原则、教学与科研相结合原则等高校的几个基本教学原则做探讨，彰显高校教师做好教学工作的一些新意蕴。

高校教学原则，是指高等院校教师从事教学工作必须遵循的基本要求。它是根据高等教育的目的、任务和教学规律提出的，是高校教学实践经验的概括和总结。

我国高校的教学原则，是根据我国的教育方针、高等教育的任务和高校的教学规律，批判地继承了古今中外的高等教育遗产，特别是在总结了我国社会主义高校教学实践经验的基础上提出的，对我国高校教学实践具有积极的指导作用。高校教师正确贯彻教学原则，是全面完成高校教学任务，提高教学水平和教学质量的重要保证。

高校的教学规律是客观存在于高校教学过程之中的内部诸要素的本质性联系。高校教学规律的作用一般是通过教学原则对教学现象的本质解释来体现的，而高校教学原则是高校教学过程客观规律的反映。它是人们在认识高校教学规律的基础上，根据一定的社会教育目的和高校的教学任务，经过一定的理论加工而提出的高校教学工作的基本要求。高校教学的基本规律，主要有：专才教育与通才教育统一规律、间接经验与直接经验统一规律、掌握知识与发展能力统一规律（教学的发展性规律）、传授知识与思想教育统一规律（教学的教育性规律）、教师主导作用与学生主体作用统一规律等。

目前，在我国《高等教育学》中关于教学原则的名称、数目及其体系，还没有完全统一的意见。不过，在我国高校教学工作中具有广泛指导意义的、确实被公认的和体现时代性的教学原则，主要是科学性与思想性相结合原则、启发性与创新性相结合原则、专业性与综合性相结合原则、理论与实际相结合原则、教学与科研相结合原则等。本节试图从我国新时代高校教学的视野对这几个教学原则进行探讨。

一、科学性与思想性相结合原则

科学性与思想性相结合原则，是指我国高校教学要以马克思主义为指导，坚持社会主义人才培养方向，向学生传授科学知识，并结合知识教学对学生进行德育，以完成立德树人的根本任务。

我国高校教学的科学性与思想性是辩证统一的。高校教学的科学性是思想性的基础，思想性是科学性的内在属性和重要保证。这一原则是高校教学的教育性规律的充分反映，是高校培养"德、智、体、美等方面全面发展的社会主义建设者和接班人"的必然要求，使高校立德树人的根本任务得以落实，体现着中国特色社会主义高校教学的根本方向和特点。

贯彻科学性与思想性相结合原则的基本要求：

（一）高校教学要确保科学性，向学生传授知识

高校教学的科学性，是指高校教师向学生"传道、授业、解惑"的知识内容必须是科学的、正确无误的。为了便于学生理解教材知识，教师授课力求通俗易懂、生动形象，打比方、举例子、看视频或者为了开阔学生学习眼界，向他们介绍不同的学说和观点都是需要的，但要保证科学性，不要庸俗化、低俗化和极端化，更不能有违背国家宪法和法律的言行，不能向学生传播错误的思想观点、内容。此外，教师一旦发现自己的授课中有错误，要及时纠正。

（二）高校教学要贯穿思想性，对学生进行德育

高校教学的思想性，是指高校教学中内在的能够对学生思想政治道德品质产生影响的特性。在整个教学中，教师要根据不同学科课程的特点对学生进行德育（思想政治道德教育），充分发挥高校教学"立德树人"的教育性作用。从内容上，德育包括以下几个方面：一是理想信念教育，包括马克思列宁主义、毛泽东思想、邓小平理论、"三个代表"重要思想、科学发展观、习近平新时代中国特色社会主义思想等方面教育。二是社会主义核心价值观教育，引导学生树立正确的世界观、人生观和价值观。其中，高校教学要引导学生牢牢把握"富强、民主、文明、和谐"作为国家层面的价值目标，深刻理解"自由、平等、公正、法治"作为社会层面的价值取向，自觉遵守"爱国、敬业、诚信、友善"作为公民层面的价值准则，将社会主义核心价值观内化于心、外化于行。三是中华优秀传统文化、革命文化和社会主义先进文化教育，弘扬民族精神和时代精神。从形式上，德育包括以下几个方面：一是高校思想政治理论类课程教学，要充分释放对学生直接进行德育的强大作用，让学生坚定马列主义和毛泽东思想信仰，用习近平新时

代中国特色社会主义思想武装头脑。二是高校其他人文社会科学、自然科学类等课程教学，要积极挖掘不同学科教材的思想性，在教学中对学生渗透德育。例如，文学、历史学、艺术学等学科类课程教学，要充分利用其蕴含的丰富德育因素（如"爱国、敬业、诚信、友善"），潜移默化地对学生进行德育；理学、工学、农学、医学等学科类课程教学，要强化对学生进行爱国主义情感、科学精神和科学态度等方面的培养，促进学生树立勇于创新、求真求实的思想品质，以达成"课程思政"目标。

（三）高校教师要不断提高自身的专业水平和思想修养

高校教师要不断钻研业务，不断提高自己的专业水平（专业知识、能力等水平），养成严谨治学的科学态度，形成科学的世界观和方法论，并运用教材内容，指导教学实践。同时，高校教师要以德立身、以德立学、以德施教，不断提高自己的思想道德修养，充分利用自己对学生潜移默化的影响作用，结合所教学科的特点、创造性地对学生进行思想政治道德教育。只有这样，才能保证高校教学的科学性与思想性相统一。

二、启发性与创新性相结合原则

启发性与创新性相结合原则，是指高校教学要充分发挥教师主导作用和学生主体作用，"注重学思结合"，调动学生学习的主动性、积极性，激发学生的积极思维、创新思维，促进学生在融会贯通地掌握知识的同时，培养创新精神和创新能力。

高校教学坚持启发性与创新性相结合原则，目的是为国家"培养具有社会责任感、创新精神和实践能力的高级专门人才"。

贯彻启发性与创新性相结合原则的基本要求有如下两点：

（一）高校教学要调动学生学习的主动积极性

在高校教学中，教师要充分调动学生学习的主动积极性，包括学生的学习动机、兴趣等。这是学生学习的内在动力，是学生学习主体作用发挥的首要条件。同时，针对部分学生学习目的不明确和责任感不强的问题，教师还应对学生的学习目的、态度等方面进行启发引导教育，增强学生学习的责任感和使命感。

（二）高校教学要激发学生的积极、创新思维

孔子说"不愤不启，不悱不发"。启发的关键在于创设一种问题情境。所谓问题情境指的是"一种具有一定困难，需要学生努力克服（寻找达到目标的途径），而又是力所能及的学习情境（学习任务）"。学生的积极思维和创新思维常常是由问题情境而引起的。高校教师要根据课程的教材特点和学生的学习实际，在教学过程的各个环节，考虑

如何从教学的重点、难点来创设问题情境，以激发学生的积极思维和创新思维，并采取具体的措施切实实现。例如，教师授课时要启发学生敢于对某些已知事物产生怀疑而再思考；敢于否定某些自己一向认为"是"的事物，通过再认识，发现其中的"非"；能进行"由此及彼"的思考，朝着前向、逆向、纵向、横向发散思维；发扬教学民主，开展课堂讨论，鼓励学生各抒己见；在实验（实训）中引导学生创造性地设计、报告等。这样进行教学，有利于培养学生的创新精神和创新能力。

高校教学的启发性、创新性要以学生掌握知识为基础，并同步发展学生学习的认知能力（观察、记忆、思维、想象等能力）、探索能力和实践能力等。同时，教学要"注重因材施教"，关注学生不同的特点和个性差异，发展每个学生的优势潜能和创新能力。

教学要有创新性，就需要教师有创新意识。对此，李培根说严复有一段话"其于为学也，中国夸多识，而西人尊新知"。中国人认为懂得的东西越多越好，学到的东西越多越好，而西方人尊崇新知，即新的发现、创造或创新。今天我国政府和高校都很强调创新，但高校教师做研究真正凭好奇心驱动的很少，而好奇心更能驱动创新。另外，李培根认为"创新教育不是奢侈品"。创新教育不只是重点高校的事情，也是高职、中专、技校的事情，它们也有能力培养学生的创新技能。同样，创新教育也不只是优秀学生的事情，每一个大学生都有创新潜能，只不过很多学生的潜能还没有发挥出来罢了。

三、专业性与综合性相结合原则

专业性与综合性相结合原则，是指高校在实施专业教育的教学过程中进行综合化教育。这是反映高等教育本质特征的教学原则。

高等教育是教育，以培养学生将来从事某种专业（行业）工作为目的，也就是为社会培养各级各类的高级专门人才。

当前我国高校实施的专业教育是根据学科领域（如本科教育12个学科门类、高职教育19个专业大类）和社会行业（职业）部门的分类而设置专业的，其教学组织单位为院（系）等。高校的教学过程主要是围绕着专业而展开的，并且随着学生年级的升高，教学过程中的专业理论知识的传授和专业技能的训练所占的比重也越来越重。

高校实施的专业教育是现代科学发展高度分化和社会分工的产物。同时，科学发展的高度综合和社会分工的整合趋势，对高校人才培养提出了综合化的实然要求。高校教学的专业性和综合性相结合，为社会培养专业知识扎实、综合素质高、实践能力强的高级专门人才，这也是高校教学"专才教育与通才教育统一规律"的集中体现。

贯彻专业性与综合性相结合原则的基本要求：

（一）高校教学要扎实进行专业教育

我国高等教育（学历教育）应当符合的学业标准是：第一，专科教育应当使学生掌握本专业必备的基础理论、专门知识，具有从事本专业实际工作的基本技能和初步能力。第二，本科教育应当使学生比较系统地掌握本学科专业技能的基础理论、基本知识，掌握本专业必要的基本技能、方法和相关知识，具有从事本专业实际工作和研究工作的基本能力。高校本科、专科（高职）的各种专业培养方案（教学计划）、各门课程和各个教学环节，都要根据上述标准扎实地进行专业教育，提高专业人才培养质量。

（二）高校教学要适切进行综合化教育

我国高校教学在专业教育中进行的综合化教育可分为两大类型：一是通识课程贯穿于大学生的四年或三年学业之中进行。二是通识课程集中于大学生一年级和二年级的学业之中进行。从中培养大学生的人文、科学（科技）等方面的综合素质，也夯实了大学生专业学习的基础。还有的高校是按学科大类进行的综合化（复合型）教育，即某一学科门类的综合化教学。

当前值得审视的是我国部分高校教学在推进综合化教育中，存在着学科专业教育及优势被弱化的突出问题。对此，我们很需要回归大学之道——遵循高等教育的人才培养规律，大力重塑高校的学科专业教育，也就是高校教学在以实施学科专业教育为主的同时，切实地进行综合化教育。

例如，我国首批"双一流"高校的建设，必然是建立在一流学科的基础上的。无论是一流高校还是一流学科，都突出了学科建设的要求。即便是双一流大学，也都需要落实具体重点建设学科。这些在本质上都是在引导高校审视自己的优势与特色，而不是什么专业学科都去做、都去建设，这显然是对过度综合化的一次调整，是对高校的重新塑型。

四、理论与实际相结合原则

理论与实际相结合原则，是指高校理论知识教学要联系实际进行，"注重知行统一"，引导学生从中去理解和运用知识，从而学以致用和培养实践能力。

理论与实际相结合原则反映了我国高等教育目的（方针）的要求和教学的间接经验与直接经验相统一的规律。学生学习的理论知识，主要是间接经验、书本知识，是人类的已知真理。这就要求教学要注意理论联系实际，防止理论与实际脱节。

贯彻理论与实际相结合原则的基本要求有如下两点：

（一）高校教学要联系实际传授理论知识

高校教师在传授理论知识时，首先要讲清基本理论（理论知识的重点、难点），同时还要讲清产生这些基本理论的实践基础和这些理论的实际运用。因为各门学科课程的特点不同，所以教师授课联系实际的内容、方法也不同。教师对理论知识的传授，要联系的实际有诸多方面，如学生的知识、能力、思想实际，科学知识在经济建设和社会发展中的运用实际，科技特别是高新科技的运用实际，等等。

（二）高校教学要加强实践性环节及训练

高校教学的理论联系实际要通向生产（产学研）、社会实践等，通过课堂讨论、案例分析、模拟、实验、实习实训、社会实践、毕业论文（设计）与综合训练等环节让学生参加教学实践性活动，达到印证理论、应用理论去分析、解决实际问题和培养实践能力的目的。

高校教学为了加强实践性环节，课堂讲授应当"少而精"，重视知识的简约化、结构化，让学生重点掌握本学科、本专业必需的基础理论、基本知识和基本结构（方法）；要构建高校课堂讲授与实践（实训）整合化的教学模式，更加重视大学生学习本专业必要的基本技能、实践能力和就业创业能力的培养及训练。

同时，高校应通过校际联盟、校企（行业）合作等途径来助推实践性教学的实施。例如，2017 年由广西大学发起成立、全区 34 所高校加入的"广西高校新工科研究与实践联盟"，提出聚焦广西发展战略重点，面向当前和未来产业发展需要，主动优化学科专业布局，促进现有工科的交叉复合、工科与其他学科的交叉融合。高校要突破"围墙思维"，主动对接地方经济社会发展需要和企业技术创新要求，深化产教融合、校企合作、协同育人；要增强学生的就业创业能力，培养大批具有较强行业背景知识、工程实践能力、胜任行业发展需求的应用型和技术技能型人才。

最后，要强调的是，高校教学的理论联系实际，必须正确认识教学中理论与实际的辩证统一性，既要防止理论脱离实际的教条主义，又要防止以实际代替理论的经验主义。当前，我国部分地方普通本科高校向应用型发展的教学改革尤其要警惕经验主义。

五、教学与科研相结合原则

教学与科研相结合原则，是指高校把科研引进教学，培养学生的科学精神、科学态度、科学方法和科学研究能力。这是反映高校教学特殊性的教学原则。

19 世纪初，德国的洪堡提出了具有划时代意义的大学理念："通过科研进行教学"和"教学与科研统一"，并在他创办的柏林大学付诸成功实践。从此，这一理念成为世界各国大学普遍推崇与共同遵守的原则。

当今，我国重点大学（"双一流"大学）与一般大学，本科院校与高职高专院校的人才培养层次虽然有明显的区别，但科学研究作为高校人才培养的有机组成部分，则是所有高校人才培养教学过程的共同属性。它反映了高校教学过程的特点和规律，也就是"教学与科研的结合渗透在高等院校教学过程的一般形态中"，以适应新时代中国特色社会主义建设对创新人才培养的客观要求。

贯彻教学与科研相结合原则的基本要求：

（一）高校教学和科研要全程性融合

从其活动的过程来说，一方面是高校教师将科学研究的宗旨、方法、手段和成果体现于教学过程的各个环节，实现教学过程的科研化；另一方面是高校教师将教学目标、内容、环节等结合到科研过程之中，实现科研过程的教学化，从而达到"教研融合"。在高校教研融合过程中，教师要尽早引导大学生参与科学研究。国内外教育实践表明，大学生早期参与科学研究，既是培养创新人才的重要途径，也为促进学科发展和提升科研水平提供了生力军。大学生参与科研不仅给教师带来启示和反思，有助于促进教师科研和教学水平的提升，而且也直接促成了研究成果的产出和学科建设水平的提高。在国内外高水平高校中，大学生通过参加科学研究和技术研发取得创新成果（如发表高水平论文、申请发明专利、研发实用系统、社会调查咨政等）的事例并不鲜见。

从其活动的途径来说，可以从以下几个方面做起：一是结合各门课程的教学，尤其是专业课程和提高性的选修课程，在经常性的各种教学活动中实现同科研的结合。教师把最新的科技信息和科研成果引入教学中，如中国科学技术大学"把课堂设在科学研究最前沿"。又如，教师在中医学类专业教学中向学生介绍中国药学家屠呦呦获得诺贝尔生理学或医学奖的巨大科学成就——《青蒿素的发现：传统中医献给世界的礼物》；教师在物理学、天文学专业教学中引导学生注视美国科学家对"引力波"的最新发现等。教师在教学中如能向学生呈现在一些科学技术上和新时代国家建设中亟待解决的难点问题或者重大问题，对于引发学生的科学探究和创新意识、培养学生的科研志向是很有裨益的。二是通过课程论文或设计、毕业论文或设计以及某些为培养科研能力而开设的课程，如文献检索、科学研究方法等课程实现同科研的结合。三是结合教学，组织学生参加学术、科技、生产、社会调查及"三下乡"服务等实践活动，也是有效的科研训练方式。这种教学与科研融合化的模式，对于学生来说有利于加强专业基础、拓展知识面和提高创新能力，尤其有利于培养科研能力、科学精神、科学道德和科学方法，不断提升人文和科技素养，增强为新时代中国特色社会主义建设做出贡献的使命感和责任感，也为学生的自主创新发展和可持续发展奠定基础。

（二）高校教师要提高科研水平和能力

高校教师要一手做教学，一手做科研，也就是"教研相长"——"结合教学做科研，以科研促进教学"。教师在教学中，只有坚持不懈地做好科研工作，才能提高自身的科研水平和能力，并促进教学水平和质量的提高。教师只有做好科研工作，才能不断地将自己研究的新成果体现在教学内容中，才能真正实现"教学与科研统一"；教师也只有有了足够的科研经验，才能更好地指导学生的科研活动。

例如，河北农业大学的几代师生以科教兴国、科教兴农为己任，从农林学专业理论知识教学的实际出发，创新实践教学路径，走出校门、走向农村、走进农民，服务"三农"，长期扎根山区，"把论文写在太行山上"，综合开发太行山，走出一条科研进山、振兴贫困山区的"太行山道路"，让科研成果转化为农民沉甸甸的收获，为贫困地区群众脱贫致富做出了突出贡献。

李保国教授是河北农业大学优秀教师中的杰出代表。李教授毕生躬耕太行，30 多年里先后在贫困山区推广 36 项实用技术，累计应用面积达 1826 万亩，培育农业科技人才千余人。丰硕成果的背后是艰辛的付出。单是土质治理，李教授和他的团队就整整研究了十几年……他被同事和学生誉为"太行新愚公"，"把最好的论文写在了太行山上"。尽管每年在太行山区"蹲点"半年多，他仍然承担着校内不小的教学任务，尤其是他一直坚持给本科生上课。不管外出多远、时间多紧，他总能及时赶回学校，没有耽误过一节课；为了激发学生学习的积极性、创造性并促成学以致用，他甚至把课堂搬到山上，在果园里给学生上课。学校教务处的同事说："我们都知道他很忙很累，但他坚持要求排满自己教本科生的课程。他说教授给本科生上课很重要，能帮助学生从一开始就爱上农林专业。"

上述关于高等院校的几个教学原则都有各自的科学依据、内涵和作用，从不同方面对高校教师的教学工作提出了基本要求。但这些教学原则又是相互联系、相互作用的，是一个有机统一的整体，不能孤立地看待任何一个原则。高校教师在教学工作中既要把握教学原则的精神实质，又要重视把握教学原则的整体功能，全面地加以贯彻，创造性地综合运用，以提高教学水平和教学质量。

第二节　现代高校教学制度的价值理念与创新原则

制度建设与实践创新作为高校教育教学和人才培养质量的重要保障，是尊重高等教育规律、培养学生创新精神和实践能力的需要，也是办人民满意教育、建设创新型国家、构建和谐社会的需要，现已成为高校教学改革的重要研究领域。高校教学制度创新的供给侧亟需更新，以适应诸多需求带来的巨大挑战。分析教学中存在的制度问题，探讨教学运行、教学管理、教学服务的理念基础、价值精神和创新原则，有利于健全立德树人落实机制，扭转不科学的教学保障与评价导向，建构培养德智体美劳全面发展的人才培养体系。

制度一般指要求大家共同遵守的办事规程或行动准则，也指在一定历史条件下形成的法令、礼俗等规范或一定的规格。教学制度作为一种特殊类型的制度，与一般的社会经济、政治制度本质上是一致的，都是一种规范体系。制度的制定是为更多的人创设适应有效教学的制度环境或者教学环境，也是对少数不当教学行为的约束和限制。良好的教学制度能够保证教学活动按照预期的方向顺利、有序进行。教学制度是提高教学质量的关键环节，分析教学中存在的制度问题，探讨教学运行、教学管理、教学服务的理念基础、价值精神和创新原则，有利于建构创新人才培养的保障机制。

一、现代高校教学制度构建存在的问题

高等教育的发展已经实现精英教育向大众教育转变，教育的规模与数量发生了翻天覆地的变化。高校教学制度的建立和完善变得越来越困难，一方面，高校之外的学习变得越来越简单，途径也越来越多，在很多专业领域，维基百科、TED 视频、应用程序、在线课程、论坛、聊天室迸发出来。智能学习系统的开发和应用在高校教学中也非常常见。相比传统教学，在线课程、混合课程几乎建立在完全不同的原则基础之上，学习时间更自由，教学材料更丰富，内容被切割成更多的小块。这些都鼓励了那些学习自觉性更高，对教师、辅导员、教学管理人员依赖甚少的学习者，网络、电子资源成了他们学习的重心。在斯坦福的一门慕课中，来自全世界的 400 名学生完成得比斯坦福大学最优秀的学生还要好。换言之，斯坦福最优秀的学生被一帮自学者打败了。另一方面，教学制度中的评价系统也正在发生变化。可汗学院在提供与教材匹配的在线课程的同时，通过数据控制器检索所有学生，获取大数据信息。学生的网上行为被一一记录，时长、频次、

作业完成时间、反馈及时性等，有助于帮助教师全面把握学生的学习成效。姑且不论数据分析器是否存在道德考察和伦理考量，学生和教师确实在此评价系统中受益，对于看得见的提高，师生皆大欢喜。学生的学业表现被网络公示后，激发了学生更用心的创作。这些变化都弱化了教师教学管理者的作用，也弱化了传统教学制度的功能。在高度解析化的社会，传统教学制度面临土崩瓦解的危机，我国教学制度改进的理论和实践应对表现出滞后性。

我国已经成为世界上高等教育规模最大的国家。2017 年，全国各类高校 2 631 所，高等教育在学总规模 3 779 万人，高等教育毛入学率达 45.7%，正在快速迈向高等教育普及化阶段。新一轮科技革命和产业变革扑面而来，新产业、新技术、新业态、新教育正迎接新的未来，国家创新发展和产业升级对人才的迫切需求前所未有。人才培养的政策环境与制度保障面临着更高要求和巨大挑战，然而，制度建设需要的理论支撑、人才支撑、平台支撑依然相对不足，供给侧结构已远远不能满足教育需求侧结构的需要，尤其是不能满足当前高校人才培养的需求。

（一）教学制度创新的理论支撑及科学化不足

我国现代教学制度除从古代《学记》等经典教育典籍中获取外，主要来自国外高校教学经验，大多从美、英、俄、日、德等教学发达国家引入，但结合我国本土高校、立足本土思维的制度理论研究缺失，而国外的教学制度在我国高校试用和探索阶段容易出现"水土不服"和"走弯路"的状况。有限的对大学教学制度进行研究的著作和论文，大多探讨教学管理的基本流程、制度建设的常识性知识和操作性程序，而缺乏系统化的理论研究。多数学者从工作需要的角度出发，强调教学及管理的操作性层面革新，集中在组织制度和激励制度等方面进行探讨，理论深度不够，尚未形成全面的教学制度研究框架。部分高校教学制度建设一直处于探索阶段，其研究未受到足够重视，难以形成系统性的规则体系，经验管理痕迹依然很重。

（二）教学制度建设的研究组织和平台发育不充分

现代大学已经加快了科学研究、科研发展的步伐，很多高校设置了高等教育研究处、发展规划处、发展研究中心和相关研究室等机构。相比而言，教学的制度建设、制度研究、制度实践本应由参与教学活动的群体共同负责的工作被片面地看作是教学管理部门的职责，教务处既是制度研究主体，又是制度执行主体，没有形成全校多元研究和教师群体共同关注的研究对象。很多学术造诣高的教师、研究型的科研组织很少关注教学质量和相应制度的建构，对教学及其教学保障相关制度的热情明显低于对科研成果的追逐。这也使得教学制度研究深度不够。伯尔曼指出："一项制度要获得完全的效力，就必须使人们相信制度是他们自己的。"高校需要吸纳多元利益相关者共同研究教学制度，多元共建的制度是"经得起重新谈判的考验"的教学制度。

（三）教学制度改革创新的路径创新不够

教学制度需要适应人才培养，尤其是创新人才培养的现实需求。受"路径依赖"和传统行政化思维的影响，集权式的制度生产方式，往往缺乏制度生成的创新路径，使得高校教学管理制度存在制度适应不良，忽视教育教学和高校教师身心的特殊性，难以有效培养高校教师良好的教学行为。当前，制度的文本数量已经超越了以往的任何时期，高校通过制度的刚性和约束作用，适应了管理的需求，却忽视了育人的保障。制度控制的刚性容易导致教学管理制度的非理性增长。控制代替了激励，教师会有消极的情绪，学生会产生逆反心理。良好的管理应当"既有纪律，又有自由；既有统一意志，又有个人心情舒畅"，在教学管理的制度生成和过程执行中，需要创新更多的制度生成路径和实施路径，让控制与教学自由之间达到一种平衡，刚柔相济，统而不死，放而不乱，既要有教师和学生的接受度，又要让师生在育人过程中充满获得感。

（四）教学制度创新的方式方法单一陈旧

高校教学人员作为具有主观能动性的"理性经济人"，他们的教学行为选择要受到个体情感需要和物质利益需求的影响。制度设计需要从分析主体、时间、空间、文化、心理等因素入手，掌握并运用有效的基本方法，对教学习惯或已有条件进行更新。然而，由于制度依赖和惯性思维的影响，任何变化均需要付出相当的工作量，甚至会因为调整一定的利益格局，使得制度创新往往成为费力不讨好的实施。经久不变的陈年旧法即便大众都知道有问题、有漏洞，但由于制度创新的方式方法单一陈旧，很难提出建设性的创新方式方法，难免会造成主观主义和命令主义的错误倾向，不易及时把握教师和学生的感情，造成激励无效，影响师生教学的积极性和教学绩效。制度之间的衔接也缺乏相应的机制，因而要选择适当的方法，并有效组合，从而达到事半功倍的效果。我国高校教学制度建设大多采用借鉴历史、整合其他高校教学制度为自己所用的方式，缺乏制度创新的合理性解读程序，没有很好地开展深入、系统的研究和实践，导致制度具有局限性、稳定性和不确定性。

二、高校教学制度建设的价值理念

历史制度主义认为制度是一种"连续的结构"，社会学制度主义认为制度是"文化规范"和"认知框架"，高校要理性选择符合学校教学实际的制度框架文本，把制度建设成"规则的集合"。目前，保证教学质量和提高教学水平已成为高等教育改革的主要内容。前者是由大学内部功能定位所决定的，后者是由人才竞争中的市场决定的。在加强高等教育教学改革研究的同时，推进教学管理制度建设，克服制度建设固有顽疾，发挥制度建设在管理、评价、诊断、反馈中的积极作用，切实解决高校人才培养中的实际问题，为教学改革提供良好的制度环境，已是不容忽视的问题。通过制度的设定，逐步转变教学思想、教学内容、教学方法等内容的人性观、教学观和管理观，树立高校教学管理制度建设的新理念，是推进和切实保障教学改革的重中之重。

（一）坚持立德树人的理念

德为才之资，树人先立德。习近平总书记在全国教育大会上指出，"培养什么人，是教育的首要问题"。高校具有人才培养、科学研究、社会服务和文化传承这四大功能。人才培养是最核心、最根本的功能，贯穿于其他各项功能之中。高校作为高素质创新人才培养的重要基地，要准确把握立德树人的深刻内涵和实践要求，并将之贯彻到人才培养全过程、全体系和全环节之中。未来世界的竞争，归根结底是人才的竞争、科技的竞争，特别是创新人才的竞争。人才培养的质量提升取决于三方面的因素：观念、制度、人才。"观念形成现实，历史是观念的竞争而非利益的竞争。"管理观念的来源主要是管理对象即人性假设的发展演变，从以控制奴役为主的"宗教人"发展到以管理效率与技术取向为主的"经济人"，再到如今以知识创新与资源增值为主的"知识人""创造人"。高校建设和改革的基本出发点是"以人为本"，落实立德树人的根本要求，准确把握高等教育的基本规律和人才成长规律，让学校所有工作都能真正回归常识、回归本分、回归初心、回归梦想。高校要在全校上下统一"以人为本"理念中对教师和学生的人性假设，现代高校师生首先是具有知识水平、探索能力和创新精神的"学术人"和"知识人"。高校"办学以教师为主体，教学以学生为中心"，归根结底管理制度的设计是"为人"服务，应切实加强制度的"为人性"和"育人性"。

（二）全面协调与可持续发展理念

人才的培养是全面发展的人才培养。当前，基础教育负担重，高校学生的负担相对较轻。教育部部长陈宝生指出，要狠抓大学教学质量，坚持科学发展观，落实"以本为本，四个回归"，确保教学工作的中心地位。制度的"普适性"要求制度设计必须统筹兼顾、综合协调，而教学制度的指向性则要求制度设计在人才培养过程中应充分适用，切实扭转当前评价的四唯倾向（唯论文、唯职称、唯学历、唯奖项），建立科学、合理的多元评价机制。从现实来看，当前高校效益来源还有很大一部分依靠学生学费收入。部分高校存在扩大招生规模的情况，但是缺乏注重质量的理性。高校应使规模与质量相互匹配，在制度设计上促进规模、质量、结构、效益协调发展，正确处理和保障教学与科研的协调关系，以科研带动教学，以教学促进科研；改善师生交往关系，从以教师为中心转向以学生为中心，"学生中心、持续改进"，充分对话交往，发扬教学民主。

（三）质量优先与质量保障理念

质量优先是质量时代的产物，强调高质量发展，意味着人才培养的高质量供给、高质量需求、高质量资源配置、高质量投入产出。教学管理的质量既包括教学质量、人才培养质量，又包括公平道义的关注以及制度文化建设等。质量是制度建设优劣得失的重要指标，把握和关注这些质量要素是良性制度建设的前提。教学制度作为教学工作的重要保障，是对学生学有所得、学有所成的全面负责。我们所说的质量是全面发展的质量，其维度是立体、多元和动态的，而不仅仅是指知识质量。高校要建立健全具有参与性、公开性和透明性的各项工作制度、管理制度和评价制度，使学校的质量精神成为全体师生共同遵守的行为准则，自觉为学校的质量目标和质量方针的实现而努力。

三、高校教学管理制度建设的创新原则

关于制度的形成，薇安·施密特（Vian Schmidt）提出了一个强大的"观念性逻辑概念"，即制度形成的根本动力来自观念，其直接动力是基于观念而生成的话语。高校教学管理制度需要根据人才培养目标和规格要求，尊重传统又不拘泥于传统，将适度的维持与适度的创新进行组合。高校教学制度的创新：一是有赖于主体的自觉和理解，尊重制度的规范作用和引导作用，承认制度的价值并自觉遵从和执行。二是有赖于内生需求和动力，制度建设本身追求"健全和完善"，力求理性与德行相统一，追求制度的理性和张力。三是有赖于周期性的等待和坚守，如万物有周期，制度的优劣得失需要时间检验，也需要时间去被认知和被认同，在改革与坚持之间应当有静待花开的耐心，避免制度建设一直处在变动之中。因此，我国高校教学管理制度建设既要有辩证的思维，又要有科学的理性，追求创新又坚持原则。

（一）继承与创新相结合的原则

管理的核心内容是在现有管理效能基础上有所提升，维持是基础，创新是方向。维持是保持现状，是求变、创新、发展的基本和载体。制度的发展需要保存制度的延续性和稳定性，否则就会让制度环境不可捉摸，主体也会显得无所适从，使得教师和学生容易在人才培养的努力中缺失参照和方向。尊重传统制度的管理优势，运用现有教学管理的优秀经验，尊重现有运行模式，将经验管理进行科学化转化的一个必要环节就是教学管理经验的制度化、标准化和专业化。教学单位和相关部门需要改革教学管理制度，一方面，要正确对待"破"和"立"的问题，将谨慎推进和大胆创新相结合；另一方面，

也必须承认，创新毕竟是一个过程，既非流行的口号，也非终结的目标。高校在创新的过程中必须充分考虑大学人才培养的实际，把握办学和教学的规律，仔细思考部分制度"维持"和坚守的意义，既不能不顾办学规律蛮干，又不能墨守成规、故步自封；不能为创新而创新，又不能不顾办学实际，完全否定延续的制度体系。大学制度创新需要在局部突破时牢牢把握住对其他部分的维持，创新是维持基础的发展，维持是创新的逻辑延续。

（二）制度建设与实践创新相结合的原则

"星星会固定地按照自然法则运转不同，人类在法律之下却有着自己自主的行为选择。"教学管理制度不是固化的文本形式。创新的前提是调查研究和理性思考。创新是一个逐渐完善、螺旋上升的过程，是在规范基础上的创新。制度建设始终是规范层面的东西，必须通过不断的实践探索、科学创新才能把制度建设中的相关思想落实到具体的实践中。通过实践的创新探索，不断总结经验，又为进一步的制度建设提供了有力佐证，并为丰富制度体系奠定了基础。教学管理制度的变革性和创新性已经在人类教育活动实践中有所应用，将继续成为一个生机勃勃的规范体系。要保留制度中富有成效、合理的内容，实现教育的可持续发展，必然要有制度建设的创新精神和勇于实践探索的精神。

（三）整体把握与细节处理相结合的原则

教学管理制度是一个复杂的制度系统，在设计制度时要充分把握全校教学工作的整体框架，面向全体教师和学生，关注教学的所有环节与基本条件，从整体把握教学管理的内容体系；同时又要重视制度设计的论证，充分考虑具体制度细节的可操作性与可测量性，确保制度运行合理有效，既全面管理又重点把握。细节处理是整体把握的必要保障，在整体中注重细节，在细节中体现整体。制度的建设和完善需要充分考量决策层、执行层、监督层的彼此衔接，在不同的制度体系中，还需要注意交接界面的细节把握，既要注重制度体系中的内部环节的一致性和有效性，还要注重外部制度和内部制度的彼此呼应。教学制度与人事制度、财务制度、后勤保障制度之间也需要衔接和配合。

（四）民主与集中相结合的原则

"制度建构了个人选择方式以及对行为的有效塑造"。随着信息时代的到来，人与人之间越来越透明，教学行为也越来越被可视化和可量化。教学制度中既要充分尊重决策的强推进性，同时也要注重师生个体在教学行为中的表现特征，注重师生在教学中的话语权与表达方式。集思广益和众筹智慧越来越被教学决策者所重视。数字化校园越来越受到重视，数字化、智能化管理普遍存在于教学过程之中，个体被行为数据分析得越来越透明，人与人的差异被解析得越来越透彻，用普遍的制度去约束或引导教学行为的难度越来越大，教学中的民主正受到制度倒逼和技术倒逼，教学制度在创新和被创新中砥砺前行。

高校作为底蕴厚重的学术机构，是一个松散联合的组织系统，校院系及各学科专业之间在教学管理流程和方式上存在巨大差异。教学人员的情感机制和教学运行的复杂网络，也很难依靠统一、强硬的教学管理制度达到理想的管理效果。哲学家温迪·楚指出，程序将会成为一切"不可见的却又有着巨大影响力的事物"。制度为了保障程序的公正、合法，需要随时关注这些"看不见的手"。与此同时，随着数字化社会的形成，诸多新兴技术正在倒逼高校教学改革，诸多以人为本的教学创新正在变成现实，其正向价值显而易见。教学创新和改革变成现实之后，高校仍需要提供更丰富的教学制度，寻找一种新的制度性结构与之相适应。高校教育教学改革面临教学方式、内容、方法和智能化技术手段的冲击、解析和解体，甚至包括教学组织形式的解体、教学制度的建设。在构建现代大学制度基础上，如何提高现代治理能力和教学管理水平，依然是个重要的话题。

第三节　高校教学管理如何贯彻以人为本的原则

高校是教育事业的主阵地，其教学质量的高低与社会的发展有着直接关联。高校教学管理作为高校管理工作的重点领域，需要贯彻以人为本的理念，这既是实现培养高质量人才目标的需要，也是教学活动正常开展的重要保证。在高校教学管理工作中贯彻以人为本理念应突出以教师为本、以学生为本，建设一支有人本理念的管理队伍。

一、以人为本理念与现代高校管理

"以人为本"的理念是中国共产党在发展真理的道路上实现的新突破，摆脱传统以物为发展中心的观念。传统的发展理念将物质财富的增加作为社会进步的物质标准，没有充分注重人的发展和人的自由度问题，出现了"见物不见人"的现象。新时期"以人为本"打破了这一发展标准，把人的全面发展作为社会发展与进步的标准，更多地将人作为各项工作的中心，以追求更加和谐的社会关系。以人为本的思想是一种系统概括的思想，指导社会发展和管理各种事物，在不同领域有着不同的表现形式。对于高校教学管理领域而言，坚持以人为本思想的管理，就是以师生为主体，追求师生全面发展和自由发展，从师生的自我管理基础出发，按照教育的整体目标引导教育教学活动，通过组织师生的不断努力实现全面的自由发展的管理。

二、高校教学管理中贯彻以人为本原则的现实意义

高校教学管理是"建设、改革和管理"的有机融合，是通过一定的管理程序和管理手法对教学活动进行规划、组织、指导和控制，最终实现教学目标的过程，涉及内容广泛，是高校管理工作的重中之重。高校教学管理贯彻落实以人为本的原则，确立以学生和教师为中心的管理模式，有利于激发学生和教师的学习工作积极性，有利于各项工作的开展，具有以下几个方面的优势：

有利于调动多方的积极性。高校管理涉及的三个最主要的管理因素，学生、教师和管理人员，组成了高校教学管理体系。以人为本的贯彻落实还需要更好地利用三者的关系，充分调动他们工作积极性和创造性，发挥更好的管理效果。高效的教学管理模式需要从招生注册开始，细化教学计划、教学过程、学籍管理等环节的框架，要符合实际、科学可行。以人为本的高校教学管理，只有做到以学生、教师和管理人员为核心，从人的利益角度出发，维护好、尊重好、实现好人的各种要求，得到人的认可，才能真正发挥管理体系的学习、工作热情。

有利于创新人才的培养。创新是发展的核心动力，没有创新也就没有新技术、新思想，发展也就失去了动力。以人为本的高校教学管理拓宽了创新人才培养的有效途径。学校就是培养创新人才的地方，全面发展、具有创新思维和创新能力的人才对于社会发展来说至关重要。以人为本的高校教学管理突出了创新意识教育，强化主观创新观念，不再束缚和限制个人的发展，以充分地发展自由刺激创新能力的发展。以人为本的高校教学管理还转变了传统的人才观念，以更加符合时代需求的模式进行人才培养，摒弃陈旧落后的课程设计，增加现代化的内容，以新发展和新成果引导学生发挥主观能动性，提高创新能力。

有利于多层次的教学管理。教学工作是高校的基础工作，教学管理则是保证基础工作顺利开展的关键。以人为本的教学管理从制度上和规范上都与社会需求紧密结合，围绕科学管理体系健全了管理层次，进一步明确了具体的管理职责，使得教学过程的各个方面都能按照既定的方式进行，活动双方有了更强的参与性，提高了教学活动的质量，更提高了教学管理的效率。

三、高校教学管理中以人为本原则的具体要求

高校教学管理是一个庞大且复杂的系统，最主要的管理因素包括教师、学生和管理人员。高校的教学管理一个全面的系统，体现了以人为本的思想，管理对象相互关联又

独具特色。高校教学管理以人为本的原则主要突出在以下几个方面：

高校教学管理要突出以教师为本。要在高校教学管理中突出以人为本的原则，就必须将以人为本的目标细化，明确具体的管理措施，把以人为本落到实处而不只是停留在理论上。在教学管理中，以人为本原则主要表现在以教师为本上。确定教师的地位并明确教师的职责，充分为教师着想，维护教师的根本利益。

贯彻以教师为本的原则，首先要在教学活动中肯定教师的指导作用。教学活动作为一种社会活动，具有改造客观世界的作用。在教学活动中，教师是主导者，是实践者，更是改革者。学生是教学活动的客体，也是实践对象和改革对象。教师的主体地位决定了其要具有相应的职责，教师要实践教学活动，还要进行教学活动的设计和指导，也就是说教学活动是教师的"主战场"。想要突出以教师为本的原则，就要在教学活动中突出教师的导向作用，这个导向作用主要体现在教学内容、教学方法和教学组织的设计与实施中。

高校教学管理要突出以学生为本。教师在教学活动中具有主导作用，但是高校和教师同时也需要肯定和重视学生在教学活动中的主体作用。高校教学管理要坚持以人为本，要保证学生在教学活动中的中心地位不动摇，要处理好师生之间的关系，以达到最好的教学效果。

首先，学生是教学活动中获取知识的主体。在教学活动中，学生要学习新知识，掌握技能，提高思想道德品质，提升综合素质能力。所谓教学，教是为了学而存在的，教的效果直接体现在学生的学上，教学质量也就是学生学习质量，这一系列的活动都体现在学生转化知识的行为方式上，所以说学生在教学活动中有着不容忽视的重要性。如果在学习的过程中，学生始终处于一个被动的地位，知识的转化过程几乎没有学生的参与，那么教学活动就不可能协调进行，学生也就得不到应有的发展。因此，在教学管理中，要明确突出以学生为本的原则，将教师的导学和学生的主体作用相结合，强调以教师为本的主导作用，同时也不忽略以学生为本的学习过程。相应地，如果学生不会学习，不主动地学习，教师采取的教学手段就得不到任何效果，也就无法突出教师的主导作用了。

其次，要注重教师与学生的互动过程。现代教学理论对教学活动中的师生关系有更加科学的观点。师生之间的沟通为知识的传递提供了一个良好的"桥梁"，双向调动了教师和学生的参与积极性。在与教师的沟通中，学生的主体地位充分体现出来，学生感受到自己受到了更多的重视，增强了学习的信心，建立了更强的师生信任度，有利于教师的教学手段达到预期目标。

最后，学生是充满活力的。学生在学习活动中主体地位的体现就是能动性，这个能动性极大地反映了学生的活力。在教学活动中，如果每一个学生的优点和特点都得到了表现，那么学生会感到自己受到了更多的尊重，从而激发出潜力实现更加全面的发展。学生的活力不仅体现在课堂上，还体现在课堂外的各项互动中，所以以学生为本更要注重学生的全面发展，自学能力的培养、创新意识的培养和实践能力的锻炼都需要在教学管理中得到落实，这样才能让学生行使选择的权利，使主动发展更加积极、更加全面。

高校教学管理需要一支有人本理念的管理队伍。由于受传统观念的影响以及专业知识的缺乏，部分管理者还没有真正树立服务理念，仍然重管理、轻服务，缺乏与教师、学生的沟通与交流能力。这种缺乏"人本管理"的理念既不利于激发师生的教学热情和内在潜能，也不利于管理人员在工作上创新，不适应现阶段高校改革和教学管理发展的需要。在高校教学管理中贯彻以人为本原则，还需要建设一支有人本管理理念、专业知识娴熟、具有一定的组织管理能力和管理协调能力的高素质管理团队。他们能结合当代高校教学实际情况发现问题并及时解决问题，有科学的决策能力，对高校教学活动有一定的调控功能，并且不断更新先进的管理手段和管理理念，以适应不同社会环境下的管理工作。

总之，在高校教学管理中，首先，要确立服务意识，服务于人才是真正将人作为工作发展的中心。其次，应给管理者提供发展空间与培训机会，使其能够学习科学的管理理念和管理手段与方法。最后，要明确管理目标，想学生所想，解教师所急，满足教学活动发展的各种条件，让师生在良好的环境中得到充分的发展。

第四节　基于教师专业化的高校教学质量监控原则

教师专业化与教学质量监控是教育实践研究中的热门与焦点问题，旨在厘清二者内涵，分析二者的相关性。经研究，高校教学质量监控应遵循以下三个原则：以上级要求为依据与以教师意见为参考相结合；动静结合，即进行常态化的相对稳定的量化考核与实施动态的评价过程相结合；宽严相济，即严格按照教学质量监控标准及程序实施评价测量与进行弹性管理相结合。

在高校系统的教育教学过程中，师资队伍质量是影响教育教学质量的关键。教学质量监控是保障教学质量达到预期目标的管理活动。高校在实施教学质量监控过程中，应避免因制度标准的统一性、程序性和不灵活性导致的阻碍教师专业化发展的弊端，充分发挥标准规范考核对教师专业化的引导与促进作用，实现高校以质量谋发展，以质量促发展的目的。

一、内涵阐释

教师专业化。教师专业化最早提出是在 1966 年联合国教科文组织和国际劳工组织的《关于教师地位的建议》中。在我国，最早在 1993 年《中华人民共和国教师法》中规定"教师是履行教育教学职责的专业人员"之后，于 1995 年确立了教师资格证书制度，加强了对教师专业地位的确认，促进了教师专业化的发展。

教师专业化的内涵，因对其考查的视角不同而体现出差异性。对于高校教师发展而言，教师专业化是指教师通过传授学业知识实现良好的教学效果，使学生在德、智、体等方面全面发展，为社会培养合格人才。对于高校人才培养目标而言：一是体现为高校教师因具有丰富的专业知识而成为某一学科的专家；二是肩负着教育学生成为有用的社会人的重担，要培养学生正确的世界观、价值观、人生观。

基于以上分析，可以得出，教师专业化是教师在教育实践中持续进步的动态发展过程，不仅包含教师专业知识的不断学习与充实，也包含教师职业态度以及教育教学方法的持续改进，其核心体现为教师内在专业结构的改进与教学水平的提高。

教学质量监控。教学质量问题一直是各高校关注的焦点。在我国高等教育大众化的形势下，教学质量监控问题受到越来越多高校的密切关注，不仅是研究的热点也是亟待加强的重要工作。教学质量监控指的是计划、评价、监督、反馈和调节的全面持续运行过程。高校依据上级教育部门的相关规定要求，制定相应的教学标准与规范，评价、监督教育教学过程的各个环节，包括对学生学的监控、教师教的监控以及教学管理过程的监控等全方位的监控。教学质量监控可以概括为以提高教育教学质量为目标，促进高校的教育教学工作按预期的计划进行，并最终实现培养目标的活动过程。

二、相关性厘定

教师专业化与教学质量监控在内涵上具有差异性，但二者也存在密切的相关性。

（一）二者的关联性

从各自内涵看，教师专业化与教学质量监控针对具体的问题而呈现出差异性，但二者也存在密切的相关性。首先，教师专业化与教学质量监控的最终目标都是提高教育教学质量。其次，二者的内涵相互包含，对教师教育教学进行评价是教学质量监控的重要内容。教师的专业化发展也是实现监控标准，提高教育教学质量的有效保障。最后，二者在运行过程中相互扶持，教学质量监控对教师教育教学行为制定了标准与规范，该标准与规范不仅是教师专业化发展的要求，也对教师专业化发展起到了引领作用。因此，教师专业化发展能够促进教学质量监控目标的实现，教学质量监控的实施也推动了教师专业化发展进程，二者相辅相成。

（二）二者的不适应性

教师专业化与教学质量监控的最终目标都是提高教育教学质量，具有目标一致性，然而，在教育教学过程中二者体却现出不适应性。一方面，教师专业化发展是动态过程，具有一定的规律。教师在发展的不同阶段，会表现出专业水准、专业理想等各方面的差异性。而教学质量监控却只能以制定出的较为优秀的教师的教学行为及效果作为评价标准。另一方面，由于高等教育本身的特点，学科知识具有复杂性，高校教师的专业知识、能力和素养会存在差异，高校教师在教育教学理念、方法。专业追求等方面会体现出一定的独特性。可见，教学质量监控在促进教师专业化发展过程中存在诸多不适应的环节。

三、原则分析

基于以上分析，在教学质量监控过程中应贯穿以考核标准为纲与以人为本相融合的理念，既要考虑质量监控标准与规范的制度约束作用，也要考虑教师专业化发展的动态性过程，在发挥教学质量监控规范作用的同时引导与促进教师的专业化发展。

（一）上下贯通

上下贯通原则主要是指以上级要求为依据与以教师意见为参考相结合。教育过程的复杂化致使教师专业化不是单一的过程，教学质量监控不仅要尊重上级部门，如国家、地方的教育发展政策与规划，制定高校的教育教学质量监控标准；同时，也要关注教师的感受和需求，在教学质量监控标准制定与实施监控过程中加强与教师的沟通，将教师在教育教学过程中的总结体会以及对教学质量改进的意见建议作为提高教学质量监控与管理活动的重要参考，从教学管理层面发挥教师对教学质量提高的重要作用。

（二）动静结合

动静结合原则主要是指进行相对稳定的常态化的量化考核与进行动态评价相结合。作为教学管理活动的教学质量监控工作必须以监控标准作为依据，考核标准的科学化和量化有助于考核的实施，并且考核标准要具有一定的稳定性，质量监控的实施也要形成常态化。然而，鉴于教师专业化的动态性与阶段性特点，其影响教学质量的重要因素不是仅仅依据程序化、量化的考核方式就能够测量与控制的。因此，在监控实施过程中应针对教师专业化的不同发展阶段，体现出评价的动态性特征以及教师的进步性特点。

（三）宽严相济

宽严相济原则主要是指严格按照教学质量监控标准、程序实施与弹性管理相结合。一方面，要严格按照相关政策文件要求以及高校办学实际，制定科学合理的质量监控标准规范，并实施严格的质量监控以保障日常教学的正常运行。另一方面，在对监控目标实施严格考核的基础上体现管理的弹性化。比如，对于教师按时上下课，按程序调停课，课程开课学时数以及开课学期等的监控要严格按照要求落实；对于教师因处在不同发展阶段所体现出来的专业知识、专业态度等的差异要区别对待。因此，教学质量监控应针对教师所处的发展阶段及整体工作状态，对高校教师实施弹性管理；在质量监控过程中考虑不同教师所处的发展阶段，对其教育教学行为进行差异化考核评价。

教师专业化是提高教育教学质量的基石，是一个不断趋于完善的发展过程。在教学质量监控的实践中，应秉承制度规范与人文关怀相结合的理念，消除教学质量监控对教师专业化发展的不利因素，提高教学质量监控对教师专业化发展的促进与引导作用，这也是广大教育工作者需要在实践中不懈努力与奋斗的目标。

第五节　高校创业教育课堂教学体系的构建原则

开展课堂创业教育是为了培养学生的创业意识、提高学生的创业能力、缓解学生的就业压力。创业教育的目标是培养人的创业思维、创业意识和创业技能等各种创业综合素质，课堂教学是高校开展创业教育的主要形式。本节通过分析我国创业教育课堂教学的背景和意义，提出改进我国高校创业教育课堂教学体系的基本策略框架，为高校更好地实现创业教育目标提供了参考。

一、创业教育课堂教学体系的现实背景

大学生毕业首先想到的是去何处工作或者继续深造，很少有学生会考虑自己是否可以创业。很多没有上过大学或者上学很少的人开始寻找创业方式，以更好地实现自己的人生目标，高校创业教育的缺失是这种现象出现的原因之一。我国高校的学生工作多数以就业为主，开展创业教育课程的高校相对较少，因此，学生很少有创业意识，即使部分学生具有创业意识，也常会被一些现实情况抹杀。这种现象既影响了学生的就业质量，对社会的经济发展也产生了一定的负面影响。

高校培养人才的目标是适应经济社会发展的需要，为社会提供各方面的人才。高校

不仅要提高学生的素质、增加学生的知识；还要培养综合型人才，加强学生的创业实践能力，这是高校提高人才质量和自身发展实力的内在要求。开展创业教育是经济社会发展的必然趋势。创业教育的目标是培养学生的创业基本素质。我国很多高校陆续将创业教育纳入学生的学习范围。创业教育的效果取决于创业教育体系的合理构建和实施。构建符合创业教育规律的课堂教学体系对完善创业教育体系和实现创业教育目标具有重要意义。

二、创业教育课堂教学体系的构建原则

建设合理的创业教育课程体系是创业教育的发展重心之一。构建课堂创业实践的目的主要是树立学生的创业意识，培养学生的创业能力，挖掘学生的创业思维，激发学生的创业兴趣。创业教育课堂教学体系的构建原则可以总结为"四个结合"。

（一）创业课程与专业课程相结合的原则

创业教育要与专业教育相结合，体现在课堂教学上就是创业课程与专业课程的结合。专业课程是指根据各学科的培养目标和要求开设的以专业理论知识和技能为主要内容的课程；创业课程是指为培养学生的创业意识和创业能力而开设的课程，如《创业导论》《创业管理》《商业计划》等。创业课程和专业课程的结合分为两个层次：第一个层次是两类课程在基础性和普及性上的结合和搭配，使学生既具有专业能力，又具备创业能力；第二个层次是两类课程在课程内容上的深度融合，将学科特点融入创业教育中，基于学科开发出具有专业特色的创业课程，如旅游创业、营销创业、科技创业等，将创业教育立足于专业技能之上，将专业知识渗透到创业教育之中。在第一层次和第二层次的结合上可以将创业基础课程设置为必修课程，将创业专业课程设置为选修课程，因材施教。

（二）理论课程与实践课程相结合的原则

创业教育理论课程是指创业基础知识课程，通常有规范、完整的教学大纲和教学计划，是创业教育的基本功；实践课程是指对创业知识和创业技能进行综合运用的课程，紧密地围绕着创业实际。高校应通过系统的理论课程和灵活的实践课程的合理配置，使学生深度理解和掌握创业基础知识，通过实践课程体验创业，将创业内化为自身能力，形成一个完整的创业教育体系，既向学生传授了创业知识和原理又培养了学生的创业能力。为使二者相互结合，要有创新的教学方法与之适应，教师在课堂教学中要以案例研究、创业者现身传教、创业模拟实训、现场体验和测试等为实践课程的依托；以问题为导向，通过教学互动、角色扮演等方式充分促使学生思考，调动学生的积极性；要特别强调案例研究，以精选的案例增加教学的鲜活性。

（三）第一课堂与第二课堂相结合的原则

创业教育的开放性、参与性特别突出，第一课堂和第二课堂是创业教育并行的两个重要环节。通过第一课堂的学习和训练，学生能够掌握系统的创业知识；通过第二课堂的创业活动，学生的专业创业技能能够得到提高。如举办"挑战杯""创业大赛""创业俱乐部""创业孵化""创业者巡讲访问"等活动，并整合教学、科研、学工、创业园、校友会等学校和社会资源，为学生提供富有实效、丰富多彩的第二课堂。

（四）创业知识与创业意识相结合的原则

创业教育的主要任务是传授创业的基本知识、方法和技能，更重要的是培养学生的企业家精神和素质。除了培养学生的创业能力，创业教育更基础性的工作是使学生拥有创业的心理特质和创新意识，使学生能够以企业家的视角思考和看待问题，具备商业思维。例如，英国根据功能作用将创业教育分为"创业意识""创业通识""创业职业"三种类型。创业意识的培养是向学生传递社会价值观念，塑造学生的商业观。校园文化具有培养学生创新观念和创业意识的重要功能，学校应通过政策制定和文化活动营造一种鼓励创新的宽松、自由的人文环境，允许失败、重视过程，在潜移默化中形成崇尚创业的良好文化，渗透到学生的创业意识中。

三、创业教育课堂教学体系的实施策略

高校应积极面对学生创业能力培养的各种障碍，寻找一条符合自身情况和特点的道路，改进办学定位和培养目标，重视创业教育的师资队伍建设，开设创业教育课程，改进课堂教学方法，为有意创业的学生提供一个良好的平台，构建和完善课堂创业教育实践教育体系。

（一）在课堂上树立正确的创业理念

创业首先要有理念上的创新，以理念上的创新为基础将其应用到实践活动中。具体到课堂创业教育体系中，高校要做到以下几点：一是以学生为本，尊重学生的人格，把学生作为教育目的的根本出发点，培养学生在德、育、体、美等方面实现全面发展；二是面向全体，把创业教育融入培养人才的体系中，贯穿培养人才的整个过程，向全体学生全面、广泛、系统地开展；三是重视引导，使学生正确了解创业与国家社会经济发展的关系，以及创业与职业的关系，提高学生的创业能力和创新精神；四是理论与实践相结合，在培养学生成长的过程中，不仅要注重在课堂上传授理论知识，还要注重完善和丰富实践教学，改革实践教学方法，将理论知识与实践能力紧密结合，全面提高学生各方面的能力；五是因材施教，在教学过程中保护学生的个性，发挥学生的长处，激发学

生的学习兴趣，充分尊重学生的需要和发展。同时，学校要根据办学特点进行合理定位，根据学生的专业开展不同模式的创业教育教学。

（二）完善创业教育的课堂教学方法

美国耶鲁大学校长理查德·莱文（Richard Levine）认为："制约学生创新能力发展的主要因素是教学方法问题，不同的教学方法取得的效果大不一样。"在教学过程中，高校应根据学生的创业需求，明确学生的学习内容，要求学生学会对待问题，学会独立思考，学会用批判性的思维解决问题，学会从不同的视角看待问题，这种教育模式对社会发展具有积极的促进作用。创业实践能力的培养要求教师在教学过程中尽量使角色互换，增加课堂的互动性，以研讨式、互动式和模拟式等方式组织教学课程；传统教育观念转变为现代教育观念，将以传授知识为中心转变为以培养学生的创业实践能力为重点。

（三）完善创业教育的课程体系和教学内容

从中国的教育体制来看，学生的创业意识主要是通过在课程中所学到的内容来实现的，要想提高学生的创业能力，必须优化和完善课程体系和教学内容。在课程体系上，高校可以尝试减少必修课的学分，增加选修课的学分；减少理论课的课时，增加实践课的课时，特别是边缘学科、交叉学科可多开设一些实践研究型课程。在教学内容上，教师改变传统的"死板式"教学模式，除了学习课本中的知识之外，增加一些能够培养实践能力的知识，提高学生创业实践能力的发展。高校在开展课堂创业教育学习理论知识的同时，还要全面推动课堂创业实践活动的开展。高校应完善专业教育与创业教育相结合的教学体系，培养学生勇于创新，善于发现创业机会，敢于创业的能力。

第三章 信息化条件下高校教育教学方法的创新研究

第一节 信息化条件下高校教育教学管理的原则

当前高等院校的教学管理工作主要是依托便捷的互联网完成的，信息化管理已然成为主流，这也是新时代背景下实现教育信息化的潮流与方向。伴随着高等院校教学任务和教学标准的明显提高，推进高校教学管理的信息化工作成为首要任务。高校教学管理信息化平台的构建将有助于教学管理效率的显著提高。

一、关于高校教学管理信息化平台构建的原则

（一）设计原则概述

首先，高等院校教学管理信息化平台的建设应当进行需求分析，这是首要工作。高校类型多样，不同高校的教学管理模式存在着明显的差异，因此对教学管理信息化平台的开发需求也是明显不同的。教学管理信息化平台的构建应当充分考虑高校的差异性及其具体需求。其次，信息化平台设计要坚持简洁、高效的原则，平台模块无需太多，只要能够满足学校的教学管理需求即可。简洁的平台模块设计有助于教学管理工作的进行和对于平台的学习运用。高效原则有助于平台在最短的时间之内完成任务，大大提高了办事效率，这也是信息化教学管理平台设计的初衷。再次，规范性原则得使信息化平台权责明确，也使得管理规范化，这将有助于各个部门相互协作，简化工作流程，避免出现相互推诿的现象。最后，平台应坚持可扩展性原则，依托校园网络平台构建更深层次的教学管理体系，保证教学管理工作的全方位、多角度覆盖，实现教学管理工作的透明化与公开化。

（二）平台构成概述

就构成而言，高等院校教学管理信息化平台主要涵盖了如下几个板块：①学习信息

管理模块，主要是针对大学生的学籍信息、在校的课程学分信息和学历学位信息进行管理；②教务信息管理模块，主要是对课程信息安排、选课和考试考核等信息进行管理；③高校的教学资源信息管理模块，主要是就高等院校的课程资源、教师资源和硬件设施资源进行管理协调，保证教学管理工作的有序开展。

二、实现高校教学管理信息化平台的优化对策

（一）更新教学观念，优化教学氛围

首先，高等院校的教师应当认识到时代发展与信息化平台构建的主流趋势，充分认识到信息化科学技术对于教学管理工作的优势，从而自发参与信息化平台体系的构建工作；其次，高等院校的领导层要充分重视信息化教学管理平台构建的重要性，树立起信息化教学管理新观念，将信息化教学管理纳入工作考评体系之中，从而确保教学管理信息化能够正常运作；最后，注重对高校教学管理信息化平台的运用，激发教学人员的参与意识，从而营造一个积极、高效的信息化教学管理环境。

（二）注重高校师资管理队伍建设

高等院校教学管理信息化进程的进一步加快，对教学管理工作者的各项素养提出了新的标准和要求，因此高校应当重视对于教学管理工作者的信息化能力培养工作。努力构建一支团结、高效的信息化教学管理团队成为高校实现信息化教学管理的任务之一。一方面，高校要有组织、有计划地开展针对教学管理工作者的信息化讲座或是培训，从而全面提高教学管理工作者对信息化建设的意识，自主自发地参与信息化平台体系的构建工作；另一方面，高校还应当通过采取一些激励措施（如教学绩效激励等）提高工作人员参与的积极性与主动性，就信息化教学方法与手段的思考进行交流分享，从而营造积极、和谐的信息化教学氛围。

（三）构建科学完善的教学管理体系

高等院校的教学管理信息体系主要涵盖了信息技术和信息资源两大方面的内容。信息技术在平台设计开发的时候要符合高校自身的教学管理实际情况，坚持一切从实际出发的理论指导原则，只有这样才能够切实将信息技术运用到高校的教学管理工作中。技术开发和技术支持，以及后期开发之后的技术监督都是必不可少的，高校要随时对系统出现的问题进行调整，进一步完善其功能。高校对于信息资源的管理要坚持以现代教学思想理念为指导，确保数据资源的科学性与准确性，坚持数据资源的共享与保护，提升管理水平。

（四）制定完善的管理规章体制

高等院校的教学管理信息化建设工作涉及内容众多，不仅对教学管理理念提出了新的要求，同时对师资队伍建设以及资金技术的投入也提出了新的要求。此外，为确保高等院校教学管理信息体系良好、有序运转，还应当制定完善管理规章体制。高校应当根据自身的现状制定规章和管理制度，从而保证信息化平台有序运转。值得注意的是，规章制度的构建不能拘泥于形式，要体现出规章体制的可操作性和监管性，目的就是确保平台体系标准化的实现。规章体制的构建工作也是伴随着平台构建进行的，对于其中存在的不足之处要及时修订，力求规章体制的进一步完善符合校园实际。

第二节　高校教育信息化对学分制教学管理的影响

《国家中长期教育改革和发展纲要（2010—2020 年）》指明了我国教育改革的方向，其中专章谈及教育信息化，特别指出要加快教育信息化的进程，加强优质教学资源的开发应用，培养适应数字时代需要的高素质人才。教学信息化将在高校的教学改革等方面发挥越来越重要的作用。

我国于 1978 年实施学分制改革，经过多年的发展与实践，学分制因其在教学管理中的高效性和灵活性在教学改革方面取得了良好效果。弹性学分制管理模式以学生自主选课为核心，实现了学生在课程选择上的"三个自主"，即自主选择学习课程、自主选择任课教师和自主选择学习进程，从而使学生的修业年限具有一定的弹性。这种弹性学分制教学管理模式有助于教师因材施教和学生个性化发展。学生在自学业选择上的灵活度增强，选择也更加人性化。但在目前我国弹性学分制管理模式推进过程中，囿于教师、教室、实验室等教学资源不足，学分制管理模式的优势不能最大限度地发挥出来。近年来，高校利用先进的信息技术和管理手段，通过推进数字化校园建设，整合优质教育资源，有力地推动了学分制管理模式的实施。本节就教育信息化对高校学分制管理的影响、问题及改进建议等简要分析如下：

一、教育信息化是实施学分制教学管理模式的有效手段

（一）实现教育资源共享

在教学资源的限制下，教育信息化可实现教育资源共享和最大限度的利用。随着高校的扩招，在校学生人数普遍增多，对教学资源是一个极大的考验，而学分制恰恰需要

充足的教学资源来满足学生"三自主"的需求。目前教学资源投入相对滞后，导致学生在选课的过程中常常受开设课程门数的限制，不能自主安排自己的学习进程；受教师数量的限制，不能选择到自己心仪的老师；受教学资源的限制，上课时间的重叠，而不得不放弃自己感兴趣的课程。这些都失去了学分制管理对提高教学质量的意义，打击了学生的学习积极性。而随着教育信息化的推进，网络教学在日常教学中发挥了重要作用，实现了将现实的实体教育资源拓展到虚拟空间层面，最大限度地开发体育资源，利用优质的教育资源。学生上课不局限于固定的教室中，也不局限于特定的时间段。教室不再是学生接受教育的唯一地点。学生可以通过网络教学这种补充方式，选择自己喜欢的课程和老师，并随时可以进行虚拟课堂的学习。

（二）教学环节更加生动

高校近年来加快了教育信息基础设施建设，大力地推进了数字化校园建设，多媒体设备等信息终端在教学中发挥了重要的作用。教师利用多媒体技术将声音、视频、动画等技术融入教学课件中，收到了良好的教学效果，有效地缓解了传统教学模式教学方式单一、枯燥的弊端，激发了学生浓厚的学习兴趣。如在学分制教学管理中，为了充分利用实验室资源，各个实验需要采取选课预约制。由于实验课时间有限，约定实验时间后，学生必须进行提前预习，而多媒体的应用可使整个实验过程提前以三维景象的形式呈现在学生面前。学生在利用计算机提前预习的时候，可以通过鼠标的点击进行模拟实验；因此，在正式实验的时候，教师口授的时间减少了，学生动手实践的时间增加了，取得了良好的实践效果。

（三）师生之间的交互更加便捷

随着网络技术的发展，以教师为主导的传统教学模式被打破，学生的主观能动性得到充分发挥，在各教学环节的参与度增强，师生互动更加便捷、顺畅。利用信息互联网媒介，学生可以在师生交互平台上完成与教师的互动、答疑、测试等一系列教学活动；学生管理部门可以利用学校的数字化校园平台，克服学分制教学管理带来的学生管理难度，及时研究应对"同寝不同班，同班不同寝"，重要事项难以整班集中安排等管理难题；教务管理部门可以及时通过数字化校园平台通知学生考试、调课等。高校应通过校园数字化建设，实现信息网络校园全覆盖，确保校内师生信息沟通及时、顺畅。

二、学分制下高校教学管理信息化分析

（一）学分制管理

随着教育事业的蓬勃发展，学分制作为教学管理的重要制度，逐渐成为高校选课的核心所在。高校可以根据学生选课结果，计算学生的学业完成情况；还可以根据专业教学要求，制订完善的教学计划。大学生在大学期间需要修满学分方可顺利毕业。学分制管理强调学生的主体地位，尊重学生的个性化发展，这样不仅可以有效地提升高校教学管理质量，还可以推动高校教学管理改革不断深化。更为关键的是，学分制管理有助于充分发挥学生的自主学习能力，推动教学模式的创新和优化，提升教学质量，推动学生的个性化发展，有效地降低教学资源的浪费，推动教学方法改革，提升教学质量，推动高校学分制管理深化。

（二）教学管理信息化是学分制管理的必然选择

我国高校信息化建设进程不断推进，实际工作取得了可观成效。互联网已经基本覆盖我国所有的高校。大多数高校完成了校园网建设工作，无论是校园主干网络速度还是无线网络速度均在不断提升。高校办公甚至拥有了专线网络。加之信息化硬件和软件设施不断完善，计算机设备较为充足，基本上构建了数字化校园的基本雏形。随着高等教育改革的不断深化，教学管理工作得到了优化，建立了稳定的教学秩序，促使教学管理水平得到显著提升，为学生德、智、体、美的全面发展打下坚实的基础。同时，高校师生应该建立密切的关系，遵循教育规律，推动高校教学管理工作有序开展，利用信息技术实现高效的信息传播，实现更大范围的信息共享，提升高校教学管理效率和质量。可以说，在学分制管理中，高校领导干部和广大师生可以更加便捷、高效地进行信息检索，将信息更大范围地共享，推动学分制教学管理工作有序开展。

（三）学分制下高校教学管理信息化具有重要意义

高校学分制下的教学管理信息化建设，主要是为了迎合时代发展趋势，推动数字化校园建设，充分发挥现代化信息技术优势，辅助教学管理工作开展，提升教学管理效率和质量。如以 C/S 网路服务结构和 B/S 网络服务结构整合在一起的模式，结合网络服务结构优势，提升网络服务能力，操作更加稳定，可以不受时间和空间限制，灵活移动办公，对高校教学管理工作的开展意义深远。

三、学分制下高校教学管理信息化存在的问题

（一）信息化管理理念陈旧

在高校教学管理工作开展中，少数教学管理工作者认为硬件设备比软件更为重要，在信息化建设过程中更加注重硬件设备的投入，忽视了软件的建设。高校教学管理是一项系统工程，涉及内容较广，如果管理理念陈旧，则将无法充分发挥其有效益，影响高校教学管理信息化水平。此外，高校教学管理信息化重视技术创新，但是后续的管理和维护工作未能落实到实处，在一定程度上制约了教学管理信息化水平的提升。

（二）信息化管理制度不完善

高校在教学管理信息化建设中，为了确保各项工作能够有序开展，应该制定完善的管理制度，促使各项工作的开展有章可循。但是，纵观当前我国高校教学管理信息化建设，制度不完善，内容陈旧、不合理，制度流于形式，未能落实到实处，实际约束效应较差。

（三）数据共享和安全问题

高校学分制下的教学管理信息化主要是为了提升管理效率，充分发挥信息技术优势，实现集中管理，大范围共享信息数据，尽可能地避免高校资源浪费。纵观实际工作现状，管理信息系统缺乏统一的标准，系统兼容性较差，无法实现大范围的信息资源共享，在一定程度上制约着教学管理信息化水平的提升。由于信息网络自身的开放性特点，外部网络和内部网络在连接时可能受到恶意攻击，或是被病毒侵入，导致系统崩溃，重要信息被篡改或被盗取，致使信息系统安全受到严重的威胁。

四、学分制下高校教学管理信息化的有效措施

（一）创新信息化管理理念

在高校在教学管理工作开展中，较之传统的管理方法，信息化管理可以有效地改善其存在的缺陷和不足，提升管理效率和质量。故此，需要注重对管理理念的创新，提高教学管理人员的信息技术，重视程度和认知水平；建立统一的硬件平台，加大资金投入，在注重硬件和软件建设的同时加强后续的管理和保养工作，整合教育资源，创造更大的经济效益。

（二）制定完善的信息管理制度

在高校教学管理信息化建设中，为了确保各项管理工作有序开展，应该制定完善的

信息管理制度，确保高校教学管理信息化系统可以正常运行，充分发挥信息技术优势。制定的信息管理制度应该符合实际情况，更加规范化、标准化，便于后续工作开展。同时，在制度具体制定过程中，高校应该充分考虑自身实际情况和工作需要，不能盲目地照搬其他学校管理制度。同时，如果在实际执行中出现问题，则需要及时修改，为后续工作的开展提供坚实的保障和支持。

（三）避免信息孤岛危险

信息孤岛是一种较为常见的现象，在学分制管理制度下，应该尽可能地避免信息孤岛的出现，以提升高校教学管理的信息化水平。从技术角度来看，应对系统硬件实现统一规划，整合高校资源，提升管理效率；建立数据仓库，提升数据管理效率，更加高效安全、高效的利用数据信息；建立统一的信息标准，创设数据信息共享环境，提升数据信息共享范围，为后续管理和决策工作提供可靠的数据支持。此外，还要预防安全风险的发生，及时更新和完善硬件设备，确保仪器设备规范化操作，定期检修和维护，尽可能降地低设备故障概率。同时，定期更新和升级病毒库，做好重要数据备份，设置数据操作和读取权限，配合动态口令维护信息安全。

综上所述，高等教育改革不断深化，学分制下的高校教学管理工作中存在一系列问题，信息化管理理念陈旧，信息化管理制度不完善，数据共享和安全问题得不到解决。基于此，为了顺应时代发展要求，信息技术开始广泛应用在高校教学管理中，通过创新信息化管理理念，制定完善的信息管理制度，避免信息孤岛危险，加强信息人才培养，可以有效提升管理效率和质量，改善传统管理工作中的缺陷和不足，提升教学管理成效。

第三节　网络时代高校教育教学信息化管理模式

基于网络时代下，加强对高校教学管理信息化建设的改革，一方面满足了当前教育事业和社会发展对人才数量的需求，另一方面从教学形式上提高了教学质量和教学成效，有利于推动我国高校教育事业的可持续发展。所以，加强对高校教学管理的信息化、规范化、科学化建设是目前我国社会经济发展的必然趋势。

一、网络时代高校教学管理信息化建设的必要性

随着网络技术的不断延展与优化，加强高校教学管理的信息化建设已成为现阶段提高我国教育教学水平的必要条件，这就对高校的有效发展提出了新的挑战，也为高校的

长远发展提供了新的机遇和新的发展方向，为高校教育事业的发展提供了新的技术支持，打开了新时代的大门。根据近几年对各大高校的数据研究可以发现，大部分高校教育事业取得了不小的成效，但随着一些高校教学管理的深入，其中包含的教学设施不足、教学管理工作压力较大等问题逐渐暴露出来。为了有效地解决以上问题，各大高校必须加强对教学管理模式的创新，结合信息技术，实现教学管理的信息化建设，从而有效地提高教学效果和教学质量。

二、网络时代高校教育教学信息化管理的现状

（一）信息化管理发展缓慢

高校教育教学管理工作采用信息化管理的发展进程比较缓慢，虽然高校重视多媒体技术在高校管理中发挥的作用，在一定程度上加强了相关的基础设施建设；但是，前期高校并没有进行周密的调研工作和规划，导致后期信息化管理基础设施建设发展滞后，相关的信息化资源重复且烦琐，基础的信息化设施无法满足高校正常的教育教学管理工作。

（二）信息化管理思维薄弱

目前，在高校教育教学信息化管理初期的相关的实践工作中，管理人员的信息化管理思维薄弱，仍然采用传统的班级管理模式。在具体的教学管理中，因为学生的个性特点以及学习需要，班级管理模式已经无法帮助学生开展课堂、课外以及实习活动。虽然信息化管理能够有效地弥补传统班级管理模式存在的不足，但是由于管理人员未能重视信息化技术的应用，因此在实际的教育教学管理工作中未能见到信息化管理模式的成效。

（三）相关人员信息化素养低下

在高校的教育教学信息化管理中，相关工作人员的信息化素养比较低下。虽然信息化管理为高校的管理工作创新了管理模式，但是仅仅依靠创新模式、信息技术进行管理应用是不行的，高校的教育教学管理还需要相关的管理人员具有较好的信息化素养。高校教育教学管理工作的参与者和组织者一般是高校的管理人员和教师，他们自身的信息化素养将会直接影响到高校信息化管理工作的顺利开展。目前，高校对教师和相关管理人员进行信息化管理培训水平相对比较落后，他们的信息化意识和思维稍显薄弱，这样就会导致他们在实际的工作中无法高效利用信息化技术进行实际的问题处理，无法有效地进行教育教学工作的信息化管理。

三、提高高校教学管理信息化建设的有效措施

重视对高校教学管理信息化建设进行改革，正确认识信息化建设的重要性。高校领导要加大对教学管理信息化建设的投资力度，为高校教学管理信息化建设提供良好的资金支持，并在此基础上优化校园内部设施。

（一）加大投资力度

高校教学管理信息化建设，离不开大量资金和相关部门的支持。一是要提高相关教育部门对教学管理信息化建设的认知和重视力度。二是要合理分配拨款资金。通常高校的经费主要由政府派发，但随着近几年各大高校内部各项消费支出的增加，政府给予的拨款金额已满足不了学校的发展需求。学校可以号召社会、企业、团体或个人对高校教学管理信息化建设进行资金筹集，从而达到高校信息化建设改革的目的。同时，各大高校还要结合自身实际的发展情况制订自身的信息化建设发展目标，通过多种渠道加强自身教学管理的信息化建设，从而实现教学管理信息化建设水平的最大化。

（二）优化教学管理信息化软件

优化教学管理信息化建设的基本条件是先要完善信息化教学管理软件。部分高校一般会委托校外企业或机构进行信息化教学软件的设计与研发，学校教学管理部门不参与或极少参与，这种情况就导致了研发的信息化教学软件在实际教学管理的应用中存在很大的局限性。所以，相关教育部门和各大高校相关管理人员必须参与其中，并提出可行性较高的建议。根据国家教育标准和教育部颁发的教育管理规范，结合相应的教学要求，设计出符合各大高校教学管理的信息数据内容，切实做好各项信息化教学管理信息平台的共享。

加强对高校教学管理信息化建设的改革是当前教学事业可持续发展的必然发展趋势，是提高信息化教学质量和教学效果的重要基础，各大高校必须提高对信息建设的重视。

第四节　大数据背景下高校教育教学管理信息化变革

随着社会经济发展，行业竞争也愈加激烈，在行业竞争中人力资源的作用也愈加重要。高校要想培养出更多的高素质人才，就必须将教育体系的作用发挥出来。通过分析我国高校当前教育情况可以发现，虽然高校的教育水平有了极大的提高，但是教育管理

信息化建设存在的问题还比较多。教育信息化建设的主要目标是将信息技术合理地运用到教学管理中去，利用大数据来对高校的教育内容进行丰富，从而更好地满足当前社会对人才的需要。

一、大数据背景下高校做好教育管理信息化建设的意义分析

（一）能够帮助高校更好地创新教育管理方式

随着社会经济发展，信息化、数字化以及大数据技术已经很好地运用到了高校教育管理中去，丰富了高校教育管理的手段。在教育管理中，信息化手段的运用比较重要，如进行智能排课、管理学生、进行教学计划的管理。这个过程产生的信息数据非常多，如果想要做好信息数据的处理，就需要将大数据技术合理地运用进来。高校教育管理在信息化建设中运用大数据，能够将大数据和高校教育管理更好地结合在一起，使得高校日常工作开展的效率明显的提高。大数据的运用能够转变高校教育管理的思维，帮助管理人员更好地发散其思维，创新模式，推动高校教育管理信息化建设更好地进行。

（二）能够推动高校教育改革更好地进行

在大数据时代，高校教育信息化建设很好地推动了高校数字化建设，这也在一定程度上推动了高校教育改革更好地进行，给高校教育改革提供了动力。在这种背景下，以往的教育管理模式逐步地退出了当前的时代，学生无论进行学习、成绩分析、图书馆管理还是就业择业都将信息技术很好地运用了进来，推动高校教育教学改革更好地进行，帮助学校进行科学教育模式的制定，丰富了学生的学习内容，进行学生服务教育理念的树立。

（三）高校教育管理信息化建设能够提高教育管理的针对性

随着大数据技术的发展，互联网已经广泛地运用到了人们的生活中，大学生群体是使用互联网的重要群体。在这种情况下，高校在进行教育教学管理时运用互联网技术，能够很好地了解学生学习的相关信息。这种信息采集能够给高校教育管理更好地进行提供数据基础，帮助高校管理人员选择科学的措施进行教学管理。对于学生而言，其大数据信息包含心理情况、学习情况、政治信息和行为情况，高校管理人员通过运用大数据能够很好地分类、分析、总结、整理相关的信息，从而给高校教育管理提供依据。这样不但能够提高高校管理决策的合理性和正确性，还能够让高校管理决策更加灵活和有效。将大数据和互联网技术运用到高校教育管理信息化建设中，能够切实提高高校教育管理的水准，切实提高我国高校教学的质量，给高校教育更好地发展奠定基础。

二、大数据背景下高校信息化教学模式概述

在大数据背景下，高校信息化教学模式主要有分析模块、采集模块、应用模块与处理模块。为了进一步实现高效教学模式的科学化与效率化，高校必须综合考虑当前信息化教学模式的具体功能，进行模块化处理才能有效地实现学生的个性化发展。

（一）采集模块

采集模块主要用来采集师生的基本信息，主要包括师生的个人资料以及学习教学过程中的相关记录。相关教材内容的数据采集工作，主要包括采集教材内容以及教学视频中的课程理念与信息、学生个人信息采集、目标设定等。

（二）处理模块

应用大数据技术开展信息化教学时，由于大数据包含的数据类型较多，缺乏有效的处理模块，无法将各项数据进行分类堆放；由于数据格式存在不统一的情况，大量进行格式转换可能会产生成本浪费，难以提高信息化建设与教学水平。所以，在设定处理模式过程中，必须重视以下几点问题：应当有效导入结构化数据，构建科学标准的数据库；在教学数据中出现非结构化或半结构化的情况下，可能会产生大量的工作浪费情况，此时便可以应用网络爬虫技术进行模块处理。

（三）分析模块

模块的功能主要是将数据平台的信息资源进行有效分类和处理，所以，分析模块在基于大数据背景下构建高效信息化教学模式中也有着极为重要的地位。高校信息资源搜索过程可以有效地引入特征检索功能，并且植入数据匹配功能，确保数据精准定位，同时要将收集好的数据进行综合分析和计算。虽然部分数据关联性看起来并不是十分明显，却可以应用分析模块有效实现各项功能，挖掘隐藏数据。

（四）应用模块

基于大数据背景下开展信息化教学模式进行应用模块，必须对数据信息进行综合分析和处理，提取有效的价值和内容，并且将信息分配在学生日常学习以及高校教学管理工作中。只有基于应用模块的实施情况构建科学完善的信息化教学模式，才能进一步推动教学工作有效开展。经过整合后的数据，通过数字化处理能够有效解决教学模式中存在的部分问题。

三、大数据背景下高校信息化教学模式存在的问题

经过 20 多年的发展，我国高等教育在信息化建设初期取得了一些成果。在 20 世纪 90 年代发展末期，信息化基础建设得到有效推行，进一步推动了教学管理和科学研究工作有序开展。根据信息化教学管理现状能够看出，为树立以学生为中心的教学管理理念，在课堂教学过程中之所以仍然存在单方面传递信息的情况，主要是因为结合教学大纲设定教学目标，制定的教材内容通常是单向传递，忽略了完整性。

（一）缺乏创新目标，教学模式单一

目前，虽然我国高校开展了多元化的信息化教学，采用情景模拟、实践操作、研究调查等众多模式，但是大部分高校只是由传统的教师讲授式教学转变至拥有现代化教学设施的多媒体教室，教学理念和方法并没有创新。在教学过程中，大部分教师仍然习惯于采用灌输式的教学模式，虽然学生偶尔能够与进行互动和交流，学生也能按时完成作业，但难以有针对性地提高课堂教学效果，教学效率较低。虽然教学活动能够有秩序地开展，但是受教育资源有限等众多限制，教学模式无法体现出学生的学习主观性，也严重束缚了学生的创新能力，所以人才培养模式存在严重的同质化问题。

（二）教育评价机制单一

目前，高校教学结构主要以教师为课堂教学中心，教学评价成果过于单一。由于信息化教学模式无法满足学生的多元化学习需求，也难以实现以学生为中心，所以高校必须进一步增强教育服务意识。现有的教育评价体制仍然以教师为主，教师通常会采用学科知识考核的方式来评价学生对知识的理解情况，根据纸质试卷确定学生的最终学习成果，由于评价内容与方法过于单一，所以机制十分单一。教师的评价方法和内容过于单调，教育评价缺乏多元性和个性化，教师主要依靠主观经验进行判断，所以信息评价存在一定的片面性，并未进行全方位的分析。

（三）受传统教育观念束缚

基于传统教学理念，由于动机理论和先行组织者理论受到师生的广泛重视，使得教师能根据自己的教学思路进行授课，却难以对相关信息技术进行有效分析，只是将制作多媒体课件或者在信息化教室开展实践教学活动当作信息化教学的重要表现。但是，此种教学方法并不科学，并没有针对性地设计教学内容与方法，也难以夯实学科理念基础，无法拓宽学科发展前沿，难以实现学科创新精神目标。对于此类情况，学生也司空见惯，只能被动接受。由于教师以期末考试成绩当作短期的教学目标，学生无法进行长期可持

续的自主学习，虽然传统教学理念能够提高学生的学习成绩，使教师顺利完成教学任务，却不能激发学生的学习热情。

（四）存在高科技、低效率的现象

目前，大部分高校在进行信息化教学时，虽然投入了一定资金进行信息化教学建设，并且成立了实验教学中心和学习中心，但是在信息系统应用过程中，由于存在应用软件问题以及维护管理问题，所以学生的学习效果贡献度较低。由此可以看出，高校的信息化教学环境应当进一步提高实用性，切实改善相关质量。目前，高校的教育资源微课内容逐步开放，并且推出了学分互认项目和证书认证项目，却很难全部完成相关课程或通过考试。

四、信息化教学模式的构建途径

（一）建立信息化的教学理念

目前，在高校信息化教学模式中，应用大数据技术发展的时间较为短暂，所以只有有效优化信息化教学管理模式，才能有效地推动信息化教学模式的改革和创新。在此模式下，相关部门必须建立科学的信息化教学理念，综合分析相关的教学数据，避免由于数据过多产生相关问题。

（二）建立以学生为中心的教学管理理念

无论选用哪种信息化管理模式，教学目的也主要是培养出具有专业水平和综合素养的学生，高校必须以学生为中心进一步加强教学结构建设。在个性化教育改革背景下，教师必须进一步提高信息化教学效率，可以应用翻转课堂教学方法，引导学生在学习与实验过程中借助信息数据检测功能进行学习，切实提高教学管理效率。

（三）培养拥有数据分析能力的专业教师

教师是教学工作的实施者，也是学生学习道路上的领路人，教师必须具备较高的综合素养和数据挖掘能力，整合出适合学生多元化发展的教学资源。如果高校能够培养出优秀的教师，就能够进一步有效实施信息化教学模式。所以，高校必须积极、有效地开展教师信息技术培训会，进一步明确实施信息化教学模式的重要性以及其具体作用，引导教师有针对性地结合数据资源进行综合分析，切实提高数据信息分析能力。

（四）构建信息化教学育人环境

高校必须做好数据的分类和整理工作，在数据整合过程中要避免出现交叉、重复现象。由于大部分师生的数据在数据采集与整理过程中可能会存在重叠情况，会降低课堂教学效率。根据当前的发展情况，高校必须构建科学、完善的教学管理系统，同时要导入高校名师的优质题库和教学视频。此外，高校要确保数据信息来源的真实性与可靠性，应用云计算和大数据技术进一步提高数据资源的收集效率，同时促进信息化管理工作顺利开展。

近年来，我国高等院校不断加大信息化教学模式的改革和建设力度，但大部分高校仍然无法摆脱"重硬件、轻软件"的建设误区，模糊了传统教学与新型信息化教学的界线。在大数据技术快速发展的背景下，构建新型教学模式是高校开展信息化教学工作的基础。因此，高校在发展过程中应当正确认识大数据理念的重要意义，不断优化信息化教学模式，有针对性地推动教育教学改革的发展。

第五节　信息化环境下的高校档案管理

随着现代化技术的不断发展，高校档案管理工作正面临着巨大的机遇和考验。高校每一位学生的档案都存储在学校的档案库中，这是每个高校档案库中的重要信息，在每个高校的招生及管理方面都起着非常重要的作用。所以，各大院校档案管理工作需要逐渐与信息化环境相融合，全方位地提高档案管理技术，解决高校档案管理工作中存在的问题，更加有效地推动高校档案管理的信息化建设，使得全国高等院校的档案管理更加完善。

高校档案管理在国家档案管理中占据着重要地位，也是社会信息系统中不可或缺的部分。在信息化的冲击下，高校档案管理面临着新的挑战和机遇。目前，数字信息化已经深入高校档案管理的方方面面。高校档案信息化管理不仅是互联网时代的必然产物，更是高校发展的动力和途径。在高校档案改革推进的道路上，实现互联网信息化能够帮助高校获得最大利益，是我国教育事业发展的必然要求。

一、信息化环境下高校档案管理的作用和意义

高校档案信息化管理具有两方面的作用。一是时代发展的必然潮流，二是当前互联网信息化发展的要求。同时，随着社会经济的发展，教育改革不断深入，高校档案管理在不断革新的基础上，需要实现信息化管理。

（一）高校档案信息化具有易保管、易开发、易使用的作用

在电子信息化普遍应用之前，高校档案采取传统的管理方式，这种管理方式主要依

靠人工作业，检索局限性大、效率低；特别是在整理、查找、翻阅电子类型的档案时，往往要耗费大量的时间和人力；在翻阅的过程中，甚至会造成数据的流失。因此，高校实行高校档案信息化管理非常必要。高校档案信息化管理能快速对数据进行储存、传输、检索和共享，相比传统的手工作业更加省时省力，且方便使用、易操作。另外，高校档案实现信息化管理之后，档案工作人员可以拥有更加充足的时间进行科研，为学校赢得了更广阔的发展空间。

众所周知，档案信息库的作用主要就是给使用者提供服务。信息化档案的建立给学校的教师和学生提供了更加便利的服务。如果高校建立档案仅仅是为完成一项工作，那么档案的建立也就失去了它原本的意义。因此，在建设高校档案信息化时，应以给使用者提供价值的大小作为重要参考依据。另外，高校档案信息化应紧跟社会、时代发展的步伐，只有不断推陈出新、与时俱进，实现规范化管理模式，才能为高校工作者、学生、老师提供最切合实际的服务。

（二）高校档案信息化是高校改革的必由之路

高校档案是将学校中有价值的资源进行储存、保管，方便人们使用。当前，互联网信息已经进驻各行各业，在高校改革的同时，信息化档案管理成了一种必然走向。档案的建立就是要发挥其最大的使用价值。高校实现信息化档案管理，能够提高信息的使用效率。档案只有在频繁使用的情况下，才会显示出更大的价值。在信息化时代的影响下，高校推出了数字化校园建设的理念。在该理念的指导下，高校档案管理必须要实现信息化管理。高校档案信息化要走向正规发展的道路，首先要建立完善的网络体系，充分利用系统平台的功能对档案进行分类、筛选和处理。其次，除了建立网络化系统外，最重要的工作就是聚集更多的信息资源。网络只是传播的工具，如果没有信息资源，网络就会成为无源之水，没有办法利用。因此，高校档案信息化管理能够借助网络的力量，最大化地实现档案资源的价值。

二、信息化环境下高校档案管理存在的主要问题及其分析

（一）管理理念滞后，人员素质有待提升

目前，我国部分高校还没有认识到档案管理及其信息化的重要意义，仅仅将其界定在资料保存的传统范畴内，忽视了其重要价值与作用，制约了信息化进程和服务质量的提升。档案管理信息化需要专业人员来推进。

（二）资源分散，保障体系亟待健全

高校档案管理信息化是一项复杂的工程，需要将海量的文献资料和数据信息整合在一起，并通过分类整理和高效储存来发挥其作用。然而，在我国，部分高校档案资源分布还很分散，尤其是教学档案、科研档案处于条块分割管理状态，缺乏统一数据库平台的支撑，不仅给学校管理带来麻烦，也给信息资源使用带来负担。与此同时，我国一些高校档案管理人员由于信息安全和保密意识不够，加之档案管理的信息化程度和加密措施缺乏规制，经常导致档案数据资料在利用中出现信息泄密现象，在很大程度上给档案的安全管理带来风险。

（三）基础设施缺失，管理标准失范

高校档案管理信息化需要坚实的基础设施的支撑，还需要标准化操作规程与管理制度的保障，如果离开了功能完善的设施设备与信息系统以及管理规范，则根本谈不上信息化管理。然而，目前我国部分高校的档案管理还处在手工作业状态；有些高校的档案管理虽配置了计算机，但由于缺乏专用管理软件，导致档案管理仅仅局限在普通的文档管理，谈不上数据检索和自动化分类。在实践中，部分高校的档案管理缺乏统一标准和操作规程的引领与指导，从而导致电子信息的真实性、完整性，以及电子签名的真实性和认证等方面还存在瑕疵，制约了档案管理的规范化与科学化。

三、信息化环境下高校档案管理改革措施

（一）加大档案信息化基础设施投入

针对当前高校档案信息管理设施建设投入不足的问题，从以往分析来看，高校领导层能够更新自身的观念认识，明确信息化档案管理工作的重要性，实施相关措施，比如：加大资金投入，为档案信息化建设专项拨款，同时协调相关部门积极配合进行合理的档案归档和信息提取等，给予档案管理工作充分的物质支撑，及时购买新型档案管理硬件，确保信息档案管理软件可以及时更新升级，从而促使高校档案管理工作朝着更好的方向发展。如果高校在档案管理工作开展时，过于依赖校园网，就需要建设一个局域网；而如果高校档案数据库建设跟不上局域网建设步伐，就只能实现较少档案的全文检索，从而对档案的查询使用造成影响。针对这种落后的弊端，高校必须要加大人力、物力、财力等多方面的投入，要加快档案系统的数字资源建设，促使档案管理工作更好地向数字化的方向转变，这样才能推动高校档案信息化管理改革。

（二）强化信息化档案管理人才培养

高校信息化建设对高校档案管理工作人员的素质能力提出了更高的要求。为更好地推动高校档案管理工作改革，加大信息化的专业人才培养力度是十分重要的。在信息技术环境下高校档案管理，工作人员除了要做好本职工作外，还要解决计算机和网络技术方面的问题，注重现代管理与现代服务的有效融合，不断地更新自身的管理工作意识，完善档案信息服务，适应社会发展要求。为此，高校档案管理工作人员必须要强化对计算机软件知识方面的学习、应用，确保在日常工作之中可以熟练操作掌握各项管理系统软件，同时可以对信息档案做出相应的保护，避免因病毒的恶意攻击而造成档案信息缺失，从而为档案数据安全提供保障。而为了能够确保高校档案管理工作人员具备这样的能力，高校领导层面也需提升认识，明确档案信息管理工作的重要性，通过培训会议、校园知识讲座等多种方式，加大高校档案管理工作人员的学习力度，从而打造素质更强、专业更硬的信息化管理档案人才队伍。

（三）健全信息化档案管理机制体制

在高校信息化建设的过程中，除要有完善的数字档案管理系统外，还应该有与之相应的管理机制，这样才能促使档案信息管理工作朝着规范化、标准化的方向过渡发展，对此有以下几个方面的建议：第一，要建立规范化的工作管理制度，制定统一的信息化技术应用标准，从而实现对档案整理、分类、查询、检索、修改、更新、统计于一体的管理体制，确保高校的信息化档案管理工作符合国家各项规章管理制度，这样才能更好地推动高校信息档案管理工作长远发展。第二，要建立责任承包制和工作奖惩制，通过这些管理机制体制的建立，确保在信息化档案管理工作中，所有的工作人员都可以各司其职，规范自身的工作行为，提高对信息档案管理工作的积极性。第三，建立监督机制，即高校要定期选派专人，对信息环境下的管理工作展开监督，若是发现高校信息管理工作人员有马虎大意、工作态度不认真、不按规则制度执行的管理工作行为，要及时指出，并给予其教育批评，通过监督机制的建立，推动信息档案管理工作良性运行。

在信息化技术环境下，高校档案管理工作应该顺应发展趋势，加强档案系统的数字资源建设，注重现代管理与现代服务的有效融合，不断地加大档案工作的信息化基础建设，强化档案管理人才培养，健全信息化档案管理机制，注重档案信息数据的有效安全，更好地推动我国高校档案管理工作长远发展。

第四章 新媒体环境下高校教育教学管理的创新研究

第一节 新媒体环境下的高校传统文化教育

高校传统文化教育活动的有效开展对当代大学生思想意识的改善及文化认知体系的构建有着不可忽视的作用与地位。新媒体时代的到来使信息传播方式逐渐成熟，对高校传统文化的教学理念和教学方式产生了积极的影响。本文对高校传统文化教育价值取向及其中存在的问题进行分析总结，并提出有效教育策略，希望能够为同行研究者提供研究参考意见与建议。

传统文化是中华民族千百年来的智慧结晶，能够对大学生的三观产生积极的影响。当前，受多元化思想文化形态及西方教育的冲击与影响，大学生的道德意识较为薄弱，高校传统文化教育存在诸多问题。为了解决其中存在的问题，对大学生进行思想意识的教育，高校应挖掘传统文化资源，更新教育理念，通过多样化教学将中国传统文化精髓渗透在当代大学的思想意识中。在这一理念的基础上，本文对新媒体背景下的高校传统文化教育方式进行探究。

一、新媒体环境下高校传统文化教育的重要性

高校举办中国传统文化教育活动对学生群体灵魂的培养，对中国传统文化的传承和发扬，对国家文化实力的提升有着至关重要的作用。在新媒体环境下，高校应对新媒体数字技术进行充分利用，以新媒体传播平台为依托，使传统媒体的影响力得以提升，并不断创新出文化教育的传承发展之路。传统文化教育需要在新媒体技术下运用信息技术平台将自身生命力和时代感体现出来。高校应通过创建教学体系、慕课网站和文化图书馆数据库等有效开展中国传统文化教育，并对传统文化知识进行有效普及，从而不断加强当前学生群体对中国传统文化的认同和认知。

首先，在新媒体环境下，高校开展传统文化教育活动是当前教育改革的必然需求。高校开展传统文化教育能够为我国教育事业的发展打下坚实基础，使高校与国际教育接轨，对我国教育事业的国际化发展有着促进的作用。我国传统文化的体系结构具有时代性与传承性，为知识理念的变革与转变打下了良好的基础。因此，高校应将传统文化教育元素引入日常教育过程中，从而实现我国高校教育事业的长远发展目标。

其次，在新媒体环境下，高校开展传统文化教育活动能够提高院校文化教育的整体水平，通过传统文化教育活动的开展对学生的学习现状进行监管；除此之外，还能够提高高校师生的文化水平，优化高校师生群体的思想文化认知，为我国教育事业的发展夯实基础。

最后，在新媒体环境下，高校开展传统文化教育活动能够帮助院校师生构建积极人格观念认知体系，通过传统文化教育对学生进行进取精神、忧患意识的培养，还能够为高校教学质量的提升提供有利条件。

二、新媒体环境下高校传统文化教育价值取向

在当前社会发展背景下，社会环境逐渐改善，经济水平得以提高，教育思想观念呈现多元化。与此同时，西方国家的思想文化形态对我国高校学生产生冲击性影响。在此背景下，高校思政教育的重要性不断凸显出来。高校对当前学生教育工作过程中的综合性教学路径进行研究，选取科学、合理的方式及针对性媒介对当前高校学生进行中国传统文化知识的教学，能够对当前我国高校学生群体树立积极的人生观、社会观、价值观念产生非常重要的影响。近年来，互联网技术和移动设备在社会上得以普及，并且应用在高校学生教学过程中。多样化新媒体技术和信息设备在高校学生教育过程中的应用能够丰富学生学习资源，扩展教学渠道；与此同时，也给高校传统文化教学带来了冲击。对于这一问题，我国教育部门及相关学者应给予高度重视。

首先，在新媒体环境下，高校组织中国传统文化教学活动能够满足当前我国高校教育改革及发展的必然需求。高校开展传统文化实践活动，为当前我国高等教育事业的全面发展提供了便利性条件。与此同时，我国高校教育事业和全球高等院校教育事业的进步能够对当前我国高校教育的国际化发展产生促进作用。中国传统文化所具备的时代性和传承性特点，能够为我国传统文化知识的传承和发扬提供保障。与此同时，理念要素能够随着社会环境的改变和时代的变革发生转变。因此，高校在举办传统文化教学活动过程中应将中国传统文化元素进行合理应用，从而为我国高校教育事业的发展提供大力支持。

其次，在新媒体环境下，高校组织中国传统文化实践活动，能够有效提高当前高校文化活动创新水平。对当前高校学生群体举办传统文化知识教学进行监督管理，能够使高校文化建设基础得以强化，并不断丰富高校教师和学生传统文化理念，从而对当前我国现代高校培养学生群体的文化思想和综合素养起到促进作用，并为我国高校教育事业的长远发展提供有利条件。

最后，在新媒体背景下，高校开展中国传统文化实践活动，能够对高校学生群体形成正确的价值观体系和人格观念提供助力。高校在大力培养学生群体忧患意识和仁爱思想的过程中，应对学生进行精神教育引导，有效改善并提升学生群体的思想认知和传统文化观念。高校在对学生群体进行传统文化教育时，通过教学监督管理能够使学生群体的综合能力和个人智慧得以提升，为高校的发展提供大力支持。

三、新媒体环境下高校传统文化教育方式的创新

高校开展中国传统文化教育，对当代大学生灵魂的滋养、民族文化的延续及国家文化实力的提升都有着十分重要的作用。当前为新媒体时代，在此背景下，高校应结合新媒体技术，以网络平台为依托，不断对传统文化的传承之路进行创新，使得新媒体的影响力及传统文化教育质量得以提升。传统文化教育活动的开展应以新媒体技术为依托，在对网络平台和信息技术的运用过程中凸显时代感。高校要想使传统文化教育质量得到提升，可以通过创建慕课网站、构建教学体系、创建图书数据库、依托传统文化传播平台的方式开展教育，从而提升大学生的传统文化认同感和民族认知度。

（一）创建慕课网站

慕课网站是开放的、大规模的教育平台，是高校传统文化教育活动开展的有效途径。慕课教育方式的出现可以说是教育发展中的里程碑。慕课能够为学生提供高质量的学习资源，提供开放的、大规模的学习平台。此外，慕课还是互联网技术的结晶，能够体现学生的主体学习地位，促进了人与技术之间的和谐。慕课将学习理念与网络教学平台相结合，突出了学生在学习过程中的地位。通常情况下，慕课平台包括备课、制作课件、在线讨论、内容解析、作业布置、学习笔记、教学结果检测与评估等不同种类教学服务，几乎涵盖了传统文化教育过程的所有环节。教师可以通过慕课网站开展教学，并将与传统文化知识相关的、能够激发学生学习兴趣的知识串联起来，通过这一方式加强与学生的互动，创建良好的师生关系，弥补传统教学方式的不足。

（二）构建传统文化教学体系

在新媒体时代，高校传统文化教育活动的开展应以互联网媒介为依托，创建网络教

学渠道。首先，教师可以在院校网站上构建以传统文化知识为核心的教育体系，运用新媒体技术对其进行传播；其次，高校可以发挥校学生会、社团、党组织的优势，开展不同形式、不同性质的传统文化教育活动，并鼓励学生积极参与，为其营造良好的学习氛围；最后，教师应提升自身对新媒体设备的使用熟练度，并运用互联网技术对传统文化知识进行整理，帮助学生树立传统文化认知，提升其理解能力与鉴赏能力，为传统文化知识的学习打下良好基础。

（三）创建传统文化图书数据库

高校想要提升传统文化教育质量，就应提高对其的重视程度，为学生营造良好的学习环境，激发学生阅读传统文化图书的兴趣，鼓励学生阅读文化经典。为了给学生阅读图书带来便利，高校可创建与传统文化相关的图书数据库，将诗词歌赋等典籍汇集在数据库中，为学生提供免费阅读的平台。此外，教师应积极引导学生接触经典文学作品，阅读诗词歌赋，使学生在阅读过程中体会中国传统文化的深刻内涵。与此同时，教师还可以将传统文化的研究成果收入图书数据库中，包括学术著作、汉学研究成果，从而开阔学生的文学视野。为了提升阅读服务质量，院校可在图书数据库中开设信息反馈渠道，从而及时接收反馈意见，满足学生的阅读需求。

高校还可以构建传统文化传播平台。为了激发人们的文学兴趣，近年来，电视上出现了《中国诗词大会》《中国成语大会》《中国汉字听写大会》等电视节目。这些节目获得了超高的收视率，赢得了观众的喜爱。高校可通过播放传统文化节目激发学生的学习兴趣，使学生在潜移默化中受到传统文化的熏陶。此外，院校可以通过社交软件创建传统文化交流平台，为学生推送传统文化知识。例如，教师可创建微信群、QQ 群、公众号等，通过定期发布与传统文化相关的资讯对学生进行教育。学生在阅读资讯后还可以进行转发。这一传播方式能够产生无法估量的影响。

中国传统文化是具有民族性的瑰宝，对中国人的思想、行为有着深远的影响，对当代大学生思想意识的养成更是有积极的作用。新媒体时代的到来使高校传统文化教育面临着全新的机遇与挑战。中国传统文化受外来因素与西方因素的影响，被人们所忽视。此外，中国传统文化的主导型和保守型与当前时代的开放性和多元性存在冲突，传统文化教育理念也与新时期教育手段存在差异。高校想要打破传统文化教育的僵局，就应将传统文化教育与互联网进行有效结合，在此基础上对学生进行引导。在新媒体背景下，想要提升教育实效，就应充分挖掘教育资源与教育途径，打造高质量传统文化教育平台，使中国传统文化得以延续。

第二节 新媒体环境下的高校创新创业教育

自"大众创业、万众创新"提出以后，全国掀起了创新创业的热潮。"十三五"规划提出创新是引领发展的重要动力，在舆论政策上鼓励人们创新创业。大学生作为即将步入社会的主力军，也是最有动力和激情的潜在创业者。全社会都非常重视创新创业教育问题，它是国计民生和社会可持续发展的关键，也是服务于创新型国家建设的重大战略举措。

一、高校实施创新创业教育的必要性

21世纪的竞争归根结底还是人才的竞争。创新型人才是国家建设的核心动力，对经济建设起决定性作用。美国是典型的创新创业驱动经济发展的国家，将近95%的财富都是由比尔·盖茨、乔布斯等创立的企业所创造的。

高校是培养就业主力军的重要教育机构。培养社会所需的创新型人才，随着科技的不断发展以及经济结构调整，对高校教育提出了更高的要求。自大学扩招以来，我国大学生规模不断扩大，高校教育呈现"大众化"的趋势。连年增长的大学生毕业人数为社会就业带来了较大的考验，科技进步劳动密集型企业也面临转型升级，由此减少了许多就业岗位，这带来了大学生就业难的问题。在李克强总理的"双创"号召下，创业成为缓解大学生就业压力的绝佳途径之一。创业成功的企业还会带动更多人就业，激发科技、经济发展活力。

对于学生而言，创业是实现个人价值的途径之一。在全球经济一体化的环境下，中国面临着极大的发展机遇和挑战。年轻人很早就受到世界文化的影响，对世界有不一样的看法。新时代的大学生思想更加开放，不拘泥于现实敢想敢闯。所以，高校实施创新创业教育具有重要现实意义。

根据国家统计局数据，截至2021年6月，我国网民规模达到10.11亿人。从年龄结构来看，网民以10岁至39岁的群体为主。通过以上数据可以知道，互联网在大学生群体中极为普及，他们也是使用多媒体最为活跃的群体。大学生具有求新、求异的心理，随着互联网技术不断发展，已经将社交、学习、购物等向线上延伸。为了确保创新创业教育的效果，高校很有必要借助新媒体技术，实现对学生的全面覆盖，构建直接、高效的教育体系。

新媒体突破了时间与空间的限制，让人们可以随时随地交流，特别是在实名制逐步推进的情况下，网络社交的可靠程度也在不断提高。大学生通过网络进行互动更加频繁，他们习惯了虚拟世界的交流，大学生群体的交流呈现人际关系网络化的特点。同时，互联网是开放的平台，借助高速率的网络支持，学生可以互相交换信息资源，由此催生了共享文化。技术的发展为举办新媒体活动提供了良好的条件。学生积极参与相关活动，希望通过这个媒介了解社会，分享、评论和参与社会实践。除了学习，大学生主要的娱乐活动和大部分的生活活动也主要在互联网上或通过互联网进行。

二、当前高校创新创业教育的不足

（一）内容简单粗放，目标价值不清晰

大部分学生对于创业教育没有形成正确的认识，不理解其教育内容的内涵，仅仅认为创业就是创立新的企业，忽视了"创新"在其中的主导作用。在这种不正确的教育理念影响下，一些大学生的创业行为偏离了创新创业教育的初衷。之所以出现这一问题，与创业教育内容简单投放有很大的关系。部分高校的创业课程仅仅是教师通过PPT课件进行理论讲解，或是在微博、微信平台推送几篇创业文章或小知识，没有形成线上与线下教学的良好互动，学生容易混淆教育内容。

（二）师资力量不足

很多高校并没有配备专业的创业教师，仅仅是由思想政治课教师兼任创业教师。由于教师缺乏足够的创业经验，使得创业教学停留在理论教学的层面，无法更深入。此外，高校对于创业课程不够重视也是师资力量不足的原因。高校通常将创业课程列为选修课，安排的课时不够多，仅仅在一个学期或学年完成相关教育，没有形成连续的课程体系。

总体来看，创业与选择就业的学生人数相比较，以后者居多。因此，学校不可能耗费过多的资源来提高创业教育的师资力量，这也是高校创业教育水平难以提高的重要原因。

（三）教育路径单一

在新媒体环境下，部分创业教育仍然沿用着传统的教学模式，仅仅依靠PPT课件展示知识，同时举行简单的创业讲座等。其教学方式没有与新媒体技术进行融合，与学生高度网络化的生活特征相背离。创业课程对学生的吸引力不大，从而不能取得较好的教学效果。加之高校对于创业教育不够重视，没有组织起针对创业教师的新媒体技术培训，帮助他们熟悉新的教学环境，运用新技术工具强化教学效果，如利用微博、微信强化与学生的联系和宣传，剪辑课堂所需的创业视频等；也没有组织教师参加专业的创业教育

培训活动，使其掌握最新的教育理念和方法。当前高校创业教育路径呈现单一化、垂直化、扁平化的特点。

三、新媒体环境下构建创业教育体系的路径

（一）明确创业教育目标价值取向

高校只有明确创业教育目标，才能更好地安排创业课程，配置教师资源。创业教育本身具有强烈的主体性、实践性、超前性，要求学生积极地参与教学活动，将课堂所学知识转化为实用技能，并付诸实践。同时，创业要考虑未来的市场环境，教师要引导学生往有良好前景的新兴行业发展，需要超前预估创业项目，避免学生在夕阳行业创业。基于以上要求，在教学过程中，教师要帮助学生明确创业目标，通过举办实践活动使其掌握一定的创业知识和技能。

高校创业教育的目标就是培养具有创新精神、创业知识的高素质人才，因此课程设置、师资力量安排要根据这个核心要求展开，整体提高学生的综合素质和创业素养，避免教育模式实践性不强以及出现功利化的倾向。高校要明确创业教育是面向全体学生，而不是精英教育，因此在教育实施过程中要保证其公平性，在校内营造积极的创业氛围。

在教育方法方面，高校要以案例为主导展开理论教学，让学生对于理论知识有所参考、对照，以启发而非灌输知识的教学手段培养学生的创新创业能力，提高教育的实效性。通过创业案例启发学生的创业思维，从个案中吸取有益经验；积极利用新媒体技术工具，形成线上与线下联动的教育体系，让学生在网络活动上也获得创业教育资源，在潜移默化下受到良性影响。高校通过这样的设置，能够构建清晰、明确的创业教育目标，从而在校园内营造良好的创业氛围。

（二）搭建新媒体创新创业教育平台

大学生大部分业余活动主要通过网络进行，因此高校应搭建新媒体创新创业教育平台，为学生获取创业知识提供方便，同时借助新技术的优势，进一步加强信息传播、共享。这一平台便于教师与学生进行沟通。大学生对于创业面临的困惑，也能够通过它寻求答案。

1. 能力测评平台

创业教育是对学生创业精神、技能的培养，对于教学成果的评定不是通过卷面成绩来评价，而是通过学生在实际活动中的表现来评价。能力测试平台，就是在新媒体技术环境下，搭建能力测评平台，从多个方面来评价学生的创业能力。

首先是基本素质的测试，对于创业活动有几项素质要求，如自信心、抗压能力、社

会实践能力等，这方面主要测试学生的心理素质，以此作为评估学生适合创业方向的重要依据。专业能力、创业教育不仅指导学生如何创立新的企业，还指导其利用专业优势实现产品创新，因此要评价学生创业项目的专业性和创新性，以及市场竞争能力等。社会实践能力，主要是考验学生的动手能力。学生如果要开一家咖啡馆，就必须要掌握操作咖啡机、修理简单机器故障或是与咖啡豆供应商谈判等技能。借助线上的能力测试平台，要求学生对创业项目或参与实践活动的情况进行反馈，然后根据学生的文字表述、图片、视频等对其创业实践表现进行评分。通过这样的方式，教师可以帮助学生发现更加合适的创业方向，了解自身的优缺点，在后续的活动中扬长避短，从长远角度规划职业生涯。

2. 网络创业指导服务平台

高校应更高效地利用创业教师资源，搭建网络创业指导服务平台，通过网络集聚起高校所有创业教师，为学生提供在线创业指导服务。高校由于不够重视创业教育，在此处的资源投入较少。构建这样的服务平台可以将有限的教师资源集中在一起，形成教学合力。同时，由于此服务平台在网络上运行，摆脱了常规教学的时空限制，学生在遇到困惑后，可以及时登录此平台向教师寻求帮助和建议，形成实时化的创业指导服务体系。

除此之外，这一平台也是高校创业学生交流心得、分享资源的平台。高校可以通过对学生进行集中培训和跟踪指导，从而满足学生创业团队的指导需求，解决创业过程中的技术、管理、法律等方面的问题。

3. 创业信息和资源共享平台

为了规范学生的创业行为，避免其误入歧途，高校应构建创业信息和资源共享平台，帮助学生甄别创业信息的真伪，为其提供最新国家政策的信息支持。同时这一平台能够促进各学生之间的合作和共享资源。

这一平台主要发挥着三大作用：①借助新媒体向学生宣传国家关于大学生创业的政策以及各项帮扶措施；②利用高校的资源，为学生提供法律咨询服务，解决他们在创业过程中遇到的经济、劳动纠纷，使其明白可能涉及的法律问题；③促成学生之间的合作，形成互帮互助的创业链条，借助新媒体技术将有益信息传播出去，整合社会人际资源，发挥校友创业帮扶的作用。

（三）多样化改革创新创业教育路径

1. 创建多媒体课堂

由于高校分配的创业课程课时较少，在教育资源得不到改善的情况下，高校可以构建新媒体课堂，借助新技术提供尽可能多的教育机会，让学生进行碎片化学习，利用业余时间与教师、同学沟通交流。如借助微课，将主要知识点浓缩到 5~10 分钟的视频里，学生可以利用课余时间反复学习。这样的微课设计有助于摆脱传统教学对于时间和地点的束缚，学生可以在任何地点、任何时间进行学习，弥补创业课程课时不足的问题。此外，微课的教学形式更有利于提高教学效率，教师将课堂教学案例、理论知识点利用新媒体技术发送给每位学生，让其进行线上预习；那么在课堂教学时，教师可以省去介绍案例的时间，直接进行内容讲解，极大地提高了教学效率。

同时，教师可以构建新媒体课堂将教学网络化，在线上跟踪学生的学习情况，并及时予以指导。学生也能够在新媒体课堂及时获取课程的最新学习内容，加强与同学的交流，获得创新创业教育提供的智力支持。

2. 设计灵活的新媒体创业活动

创新创业教育对于大部分高校来说是一种新兴课程，高校还没有积累起足够的教育经验。为了进一步提高创新创业教育的质量，高校需要获取足够的数据和信息，才能针对性地调整课程，使其更适应本校学生的特点。高校可以利用官方微博、微信发起投票、问卷调查等新媒体活动，以这样的形式获取大学生创业的数据，了解大学生创业实践面临的问题。这些活动相比线下问卷调查，调查回收率更高，获得的数据更及时，学生的参与度也更高。

高校还可以利用官方微博、微信宣传本校学生的创业项目，帮助他们进行业务推广；同时，还能集聚起所有学生创业者，共同举办线上与线下联动的活动，通过规模效应，让更多人熟知创业项目，将优秀的项目推销出去，寻求企业合作或政府支持。在此过程中，基于活动的举办，高校能够收集学生创业过程的数据，针对遇到的问题进行分析，依托于大数据技术构建创业教育效果模型；通过模型对常见创业问题进行分类，并通过计算得到解决方法，从而在后续教学中改进，改善传统教育模式的缺陷。

3. 依托创业数据模型开展个性化辅导

高校可以举办形式多样的新媒体互动活动，以便获取学生创业数据；利用构建的数据模型，将个体学生的创业问题代入数据分析模型中，分析其创业项目的优势和劣势，发现解决问题的方法；将所有学生数据汇入分析模型中，按照分析结果将创业学生进行分类，如技术类、服务类、产品类创业；分类完成后，再分配不同的创业教师进行针对性创业教育。由单个教师负责对某一类学生的指导，教师基于自身的专业经验，提出最科学、合理的建议。借助网络创业指导服务平台，教师可以与单个学生进行沟通，并根据模型分析结果进行个性化辅导，进一步强化创业教育指导作用；然后根据学生反馈，再修改模型错漏的部分，提高数据分析结果的准确性、专业性。

依托新媒体技术，教师可以对学生进行心理辅导。在创业初期，大部分学生缺乏启动资金。一些大学生为了获取资金可能会采用不恰当的方法，如网络借贷。大学生由于缺乏社会经验，很容易被所谓"低利息、放款快"的字眼所蒙蔽，在没有足够偿还能力的情况下，借取资金。创业失败后，由于还不起某一网贷，大学生就得采取"拆东墙补西墙"的方式，再借另一平台的网贷，使得利息越滚越高；最后心态崩溃，做出不理智的行为，如自杀、犯罪等。借助数据分析模型，教师对学生提交的创业数据进行分析，从中可能发现存在的创业风险，可以及时劝止学生的某些行为。对于创业失败的学生，教师应对其进行心理辅导，并将辅导结果录入数据模型，保证分类、分析结果更加准确，形成创业辅导的良性循环。

综合上述，传统创业教育模式已很难适应当今大学生接收信息的特点，因此需要对创业教育进行改革。首先，明确创业教育目标，将培养学生创业精神和技能作为教学重点；然后，搭建新媒体创新创业教育平台，为学生提供创业指导服务；最后，改革创新创业教育方法，以微课、新媒体活动、构建数据模型的方式，强化教学效果，切实提升学生的创新创业能力。

第三节　新媒体环境下的高校廉洁文化教育

在新媒体时代，高校廉洁文化教育话语呈现新的特性，面临着话语权的转移、信息的自发性、传播的碎片化、场域的复杂性等方面带来的挑战，话语创新成为当前高校廉洁文化教育的迫切要求。高校应从话语体系、传播方式、队伍建设、话语空间四个基本维度构建话语创新新模式，通过提升引导力、公信力、传播力、影响力增强话语主导性、权威性、整体性、认同度。

话语作为时代的产物，具有强大的精神文化力量，是思想理论与价值观念的外在表达形式。高校廉洁文化作为当前社会主义先进文化的重要组成部分，是高校人才培养的重要内容。新媒体作为一种新兴的媒介，影响着人们的生存方式、思维方式、交往方式，包括人们交往的话语形态和表达方式，为高校廉洁文化教育话语实践提供了全新的传播工具与话语场域。大学生是使用新媒体的主要群体，也是高校廉洁文化教育的主要对象，对于新媒体的感知强烈且敏锐，因此，高校如何在新媒体时代创新廉洁文化教育的话语已经成为重要的研究课题。

一、高校廉洁文化教育话语面临的现实困境

高校廉洁文化教育话语既是教育话语形态的一种，也是思想政治教育话语体系的一部分。随着新媒体技术的不断发展与广泛使用，其中承载的话语信息正在深刻地影响着人们的生活方式、生活习惯、价值观念，呈现出其所特有的时代特质。大学生作为高校中使用网络最为活跃的群体，最容易受新媒体网络话语变革的影响。当前，网络话语存在着话语权的转移、信息的自发性、传播的碎片化、场域的复杂性等问题，与高校廉洁文化教育的马克思主义理论学科的话语特性存在一定的张力，影响着高校廉洁文化教育话语的主导性、权威性、大众性、认同性。

（一）话语权的转变消解了高校廉洁文化教育话语的主导性

在新媒体时代，大学生作为高校廉洁文化教育的对象，拥有与教育者同等的话语表达机会，在一定程度上消解了高校廉洁文化教育话语的主导性，具体表现在：一是话语的影响力降低。高校廉洁文化教育话语主体双方具有强大的信息搜索和发布能力，能够获取各种信息和资源，话语表达的空间也得以拓展，多元价值取向随之不断增加。人们对廉洁文化教育话语的关注度逐渐降低。二是话语吸引力变小。廉洁文化教育话语的严肃性与新媒体生活化语境形成了鲜明的对比。大学生作为"网络原住民"，对生动形象、贴近生活的话语内容较为关注，而高校廉洁文化教育的理论无法真正激起他们的兴趣与关注。三是话语的引导力减弱。在新媒体语境下，传统的主流传播受到一定的冲击，意识形态话语更加日常化、娱乐化、碎片化。这也就意味着，教育主体、客体都可以从网络媒体上获取大量信息，包括与高校廉洁文化教育内容相违背的信息。多元化的内容与选择弱化了主流意识形态的话语效果。

（二）信息的自发性削减了高校廉洁文化教育话语的权威性

在新媒体时代，"去中心化"特点突出，数字技术融合了音频、视频、文字、图片等，丰富了信息传播的内容和形式，突破了信息的传统传播模式。新媒体可以实现信息的直接发布与获取，具有强大的自发性，在一定程度上削减了话语的权威性。具体而言，一是在传统媒体时代，教育者占有话语权威性。建立在新媒体网络媒介上的虚拟沟通和交流方式，在一定程度上冲击了传统的话语模式。教育主体角色逐渐弱化，信息主导地位被减弱，教育对象可以直接从网上获取大量的信息，甚至是教育主体没有获取的信息。二是在传统的媒体时代，教育者具有话语主导性，能够对教育内容进行一定的筛选与过滤。新媒体网络上传播着各种各样的信息，媒介依赖下的大学生所接触、获得的信息大多源于媒介，而媒介中的负面信息也同样会被他们所获取。高校廉洁文化教育话语逐渐

走向边缘化，大学生对现实的廉洁文化教育的关注逐渐降低，一定程度地削弱了话语的权威性，也会给高校廉洁文化教育话语带来认同危机。

（三）传播的碎片性消减了高校廉洁文化教育话语的整体性

在新媒体时代，传播的碎片化已经成为当前客观存在的语境特征。主要表现为：一是传播内容的碎片化，在新媒体平台上，信息更新的速度快且信息量大，新媒体场域下充斥着各式各样的信息，人们可以通过手机客户端、计算机、微博、微信等平台进行信息的获取与传播；二是传播方式的碎片化，新媒体平台的传播是立体式的传播，融合了各种传播方式，打破了传统的一对多的单一传播模式。高校廉洁文化教育话语作为高校思想政治教育内容的组成部分，具有突出的系统性、理论性、完整性。新媒体时代的碎片化传播导致高校廉洁文化教育话语的内容被颠覆，导致高校廉洁文化内容信息呈现零散性。在新媒体时代，高校廉洁文化教育话语有部分用词不严谨、结构不完整、口语化、娱乐化、随意性等特性，甚至在话语形式的转化融入中，一味迎合了人们的趣味，淡化了理论与原著，在这一定程度上消减了高校廉洁文化教育话语的系统性与整体性。

（四）场域的复杂性降低了高校廉洁文化教育话语的认同度

对高校廉洁文化教育话语的认同在本质上是对话语所蕴含的价值的认同。新媒体技术发展为高校廉洁文化教育话语提供了一个前所未有的话语场域，教育主体能够获得相对自由的话语表达与传播平台。在自由开放的新媒体空间中，各种观点不断涌现，海量的信息得以广泛传播，为信息传播营造了良好的氛围，但同时也使得信息鱼龙混杂、难辨真伪。尤其是在当前多元化的社会思潮中，不同阶层、不同利益的人们在场域中自由地发表着各自的观点、利益诉求、思想观念，其中也包括了一些消极信息。这使得新媒体话语场域的信息呈现出一定的复杂性。在这样一个复杂的话语场域中，高校如果不争取获得新媒体的话语主导权，提升话语的影响力，将党言党语与民言民语相结合，准确传播高校廉洁文化话语核心价值，使得高校廉洁文化教育话语真正站得住脚，就难以让大学生信服。

二、高校廉洁文化教育话语创新的构建

新媒体技术为高校廉洁文化教育话语提供了便捷、交互的话语场域，也带来了新的话语创新契机。新媒体时代高校廉洁文化教育话语应当遵循当前的话语特性，从话语内容、传播方式、话语能力、话语空间四个基本维度构建话语创新的新模式。

（一）构建契合于新媒体特性的话语内容

话语既是一种文化，也是一种传播载体，话语内容的建构是创新话语的基础。高校应遵循高校廉洁文化和话语体系建构的规律，契合新媒体时代的基本特质，整合多元化的话语。首先，以政治教育为核心，突出高校廉洁文化话语内容的方向性。这主要是由廉洁文化的意识形态本质所决定的，因此必须紧紧围绕这个本质，完善政治话语，坚定正确的政治立场与政治主张，充分发挥廉洁文化的鲜明指向性与引领性。其次，以思想道德为引领，增强廉洁文化教育话语内容的主导性。高校廉洁文化教育以清正廉明为思想内核，重在解决人们道德认知与道德行为的问题，是高校理想信念、道德品质、行为规范和价值追求内化于心、外化于形的过程。高校要抓好高校思想道德建设，使廉洁自律成为高校主体的美德，形成廉洁文化社会氛围。最后，以传统文化与现代文化为依托，推进高校廉洁文化话语内容的自觉，突出贯彻执行中央八项规定，反对形式主义、官僚主义、享乐主义和奢靡之风；从中华民族优秀传统文化中汲取廉洁思想养分和文化力量，进行创造性转化和创新性发展，不断厚植廉洁文化根基。

（二）打造连接主客体的话语传播方式

传播既是一种过程，也是主客体间的一种互动。高校廉洁文化教育话语离不开有效的传播，话语传播方式是创新廉洁文化教育话语的重要环节。具体而言，一是打造新媒体网站平台，占领话语传播主阵地；充分利用新媒体技术和现代传播手段，建设以廉洁文化教育为主题的网站，传播正能量，弘扬主旋律，搭建师生互动交流的平台。二是利用新媒体平台，拓展话语传播主渠道；充分利用以微博、微信、QQ等即时软件为主的传播平台，使之成为当前高校发布或获取信息并进行交流的平台；充分利用承载着高校廉洁文化教育话语信息的新媒体传播，迎合人们的生活习惯与生活方式，提高主体的积极性与互动性。

（三）提升高校廉洁文化教育的话语能力

话语能力既包括对高校廉洁文化话语的创新能力，也包括对当前话语内容体系的运用与表达能力。话语能力直接影响了高校廉洁文化教育话语能否真正得以传播，关乎高校廉洁文化教育话语的实效性，是高校廉洁文化教育话语创新的重要保证。这就需要高校必须有一支综合能力过硬的队伍。具体而言，一是完善高校话语人员队伍的匹配。针对当前高校廉洁文化建设队伍存在的人员不足的问题，高校要及时补齐当前的人员缺口，为高校廉洁文化建设提供良好基础。二是加强对队伍话语能力的培训。针对当前政治思想教育人员素质与能力参差不齐，甚至对语言运用能力较差的问题，高校要不断完善教师队伍的能力培训，提高教师的话语能力，打造一支能够适应新媒体时代发展的高校廉洁文化教育话语传播者与运用者。

（四）创设多元主体协同的优良话语空间

新媒体作为大学生主要的信息获取与交流平台，是廉洁文化教育的话语空间。话语空间直接影响着受教育者的思想与行为导向。因此，高校要多方面采取措施为高校廉洁文化教育的开展提供保障。首先，完善高校舆情监督保障体系。针对网络上与主流意识形态有冲突的信息，高校应该加以监管；通过学校在网上的活跃度和活跃区域，进行及时的观测、分析并发现舆情，及时控制，引导学生正确的价值取向。其次，提高受教育者的媒介素养。在新媒体时代，教育者与受教育者双方都具备使用新媒体的基本技能，才能充分利用与发挥新媒体的优势。教育主体要了解媒介、善用媒介。最后，加强主体舆论引导力。一方面，教育主体要确保话语的基本立场，能够对廉洁文化教育有整体的把握，在新媒体平台中发挥正面引导力；另一方面，通过新媒体平台增强廉洁文化教育话语的吸引力与影响力，引导学生积极参与，平等对话，凸显话语的表现力。

三、高校廉洁文化教育话语创新的路径

高校要创新新媒体时代高校廉洁文化教育话语，就要以构建话语新模式的四个维度为基础，遵循高校廉洁文化建设的规律，牢牢结合新媒体时代的话语特征，使话语创新与新媒体进行完美地契合，实现廉洁文化教育的话语创新。

（一）提升话语引导力，增强话语主导性

在新媒体时代，高校需要不断更新话语理念，结合新媒体和高校廉洁文化的特点，进行信息与内容的系统整合。具体而言，一是建设高校廉洁文化教育专题网站，利用新媒体对信息进行获取、筛选、判断、整合、利用，不断丰富廉洁文化教育话语内容，充分发挥新媒体传播的实效性。二是构建官方互动平台，将廉洁文化话语与新媒体技术相结合，不断提高高校廉洁文化教育话语的吸引力与感染力。三是培养话语意见领袖，高度重视、挖掘和培养具有较高素养的廉洁文化教育话语队伍，引导学生的主流意识形态，主动抢占网络媒体新阵地，在碎片化的信息中抓住重点和本质。具体包括：其一，提高新媒体高校廉洁文化教育队伍的政治素养与政治敏觉度，提升辨别力，把握好网络信息正确传播。其二，提高新媒体高校廉洁文化教育队伍的理论水平，培养一批理论功底扎实、对廉洁文化有深入研究的教师队伍。其三，提高高校廉洁文化教育队伍的新媒体技术水平；提高队伍对新媒体工具的使用，真正理解、掌握、运用新媒体。其四，充分发挥思想政治教育理论课教师、高校党政机关干部及一线辅导员的协同作用，同时，鼓励大学生积极参与其中，让他们成为高校廉洁文化教育话语的传播者。

（二）提升话语公信力，增强话语权威性

在新媒体时代，面对海量复杂的网络信息，高校必须要牢牢把握话语权，实现话语真理性与现实性的统一。具体而言，一是坚定马克思主义基本立场。在思想观念与价值取向鱼龙混杂的新媒体时代，更需要极具凝聚力与向心力的价值观作为指引，坚定话语立场。高校要用马克思主义的立场、观点、方法深入研究和阐述当前廉洁文化的内涵与特点，使大学生能够清楚认识到自己肩负的历史责任与时代使命。二是依托中华民族优秀传统文化。廉洁文化话语与传统文化有着历史的继承性与时代的发展性，优秀传统文化蕴含着丰富的廉洁文化资源，如古语"俭则约，约则百善俱兴；侈则肆，肆则百恶俱纵""公则民不敢慢，廉则吏不敢欺""公生明，廉生威""廉者必知耻，而知耻则能廉"，等等，都是廉洁文化教育的话语养料。三是聚焦大学生所关注的舆论热点。高校要注重网络的对话，强化网络传播内容的引导力，对于重大问题、关键问题敢于发声，提高舆论引导力。

（三）提升话语传播力，增强话语的整体性

价值判断与受教育者的认知习惯结合，扩大传播的广度与范围，提升话语传播力。具体而言，一是创新网络话语传播的形式。高校要充分发挥新媒体的开放性、即时性和交互性，实现"受众在哪里，宣传报道触角就要伸向哪里"；改变当前以书本为主的单一形式，实现廉洁文化教育文字、图像、声音等形式的融合。其一，采用视频形式。高校可以通过视频的表达方式将具有严肃政治性的廉洁文化内容以视频形式展现，由图片到视频的转换，提高大学生对廉洁文化的关注与了解，引领他们正确的价值取向。其二，高校可以将网络流行的形式。高校可以将图片、视频、文字相结合，采用形象生动的表达方式，增强话语的吸引力与感染力；同时也要善用网络热词，拉近与大学生的距离，消减严肃性话语的枯燥与乏味。其三，使用贴近大学生日常生活的语言风格。在新媒体时代，大学生的语言风格是通俗易懂的。高校应将理论话语转化为大学生爱听、易懂、能接受的话语体系，真正实现官方话语民间化、学术话语生活化，不断增强话语的亲和力与感染力，提升教育者的话语供给能力，丰富话语内容。在新媒体时代，信息资源具有丰富性与开放性，传播信息呈现碎片化，迫切需要教育主体提供更加具有吸引力和感召力的话语内容，与廉洁文化教育话语本身的理论性与整体性相契合，不断满足教育对象的多元诉求。

（四）提升话语影响力，增强话语认同度

高校为了实现廉洁文化教育话语的创新，需要提高廉洁文化教育话语语境的相关性，兼顾网络空间与现实空间两大场域，积极占领话语空间，提升话语的影响力，增强大学

生高校廉洁文化教育话语的认同感。高校可以借助新媒体网络平台，实现线上与线下的互动，不断延展话语空间。网络上信息混杂，尤其是错误的思潮以其新颖生动的形式占领网络场域。对此，高校必须要重视意识形态的主阵地，建立专业部门和团队、扩大高校舆论影响能力，占领话语空间，实现高校廉洁文化教育话语的有效传播。

第四节　新媒体理念对大学生的影响及教育

鉴于新媒体对大学生思想的影响，高校思想政治教育应主动适应新媒体、新形势，搭建新媒体下的思想政治教育平台；充分利用新媒体的正效应，传播大学生思想政治教育的核心价值理念；做到优势互补，整合传统媒体和新媒体两种形式下的思想政治教育；研究并驾驭新媒体的正效应，提升利用新媒体的技能，加强大学生的思想政治教育和新媒体素养教育，创新新媒体视角下大学生思想政治教育新途径。

新媒体是基于互联网、移动通信等新技术，面向大众提供新型信息传输的一种服务形态，如智能手机、计算机、数字电视、触摸媒体等。相对于报刊、广播等传统媒体，新媒体具有信息内容广泛、信息传输及时、信息获得便捷、信息来源多元等特征。新媒体与大学生的日常学习、交往、生活等息息相关。新媒体的迅猛发展对大学生思想政治教育也产生了深远影响，对当代大学生提出了更高的要求。高校思想政治教育工作者利用新媒体的优势，充分发挥新媒体在教育管理中作用，构建符合高校学生教育的新模式具有重要意义。

一、基于新媒体高校教育的优势

（一）新媒体改变大学生参与方式

新媒体相比传统媒体，增强了互动性、参与性和实效性。同时，新媒体也为大学生提供了更加快捷、更加方便的学习渠道。学生获取知识除依靠书本和教师的讲授外，还可以利用新媒体等技术手段和工具。在教学过程中，学生已拥有的知识与教师所传授的新知识相互融合，能够激发学生的学习兴趣，使学生积极主动参与教学，进而达到教与学的相辅相成。在学习的过程中，学生可以通过微博、论坛等各种新媒体表达自己，与教师形成有力的互动机制，使学习变得更加方便和更加快捷。高校可以通过新媒体技术及时、有效地为学生提供教学服务，从而提升教育管理的有效性。

新媒体出现前，大学生的学习主要依靠课堂或纸质材料，而新媒体出现后，大学生可以随时随地在网上学习、获取知识。首先，在网上查阅学习资料更加方便；其次，学习主动权也传递到了学生手里。大学生可以根据自己的兴趣选择一些出色的学习软件，使学习变得更加生动和有趣。目前，高校利用一些手机应用软件创新课堂已经很普遍，学生可以用手机接收老师终端的课件、学习材料的推送。同时，教师通过客户端，可以建立学习讨论小组，增强学生的参与性、学习兴趣；在课后，教师可以通过手机应用软件随时推送丰富的课外知识，加强与学生之间的沟通。这种方式打破了传统的教学和学习模式，让大学生的学习方式变得开放、多元和个性化。

（二）新媒体对大学生主体地位的塑造

教育管理的核心是以人为本。在高校，以人为本最直接的体现是充分尊重学生的主体地位，让他们既能表达合理诉求，也能促使其合理诉求得到有效的回复，及时进行解决，而对于不合理的诉求也能在情绪得到疏导、疑惑得到解答后自动放弃。新媒体出现后，大学生的学习和工作效率有所提高，大学生可以直接通过新媒体平台向学校、教师和同学反映问题、表达诉求；相比于传统媒体，人为干预和不敢直言等因素得到了很大的改善。同时，教育工作者可以及时浏览学生在网上反馈的信息，充分利用新媒体解决教育管理中存在的问题，更有效地为学生提供服务，从而实现教育管理向人性化和个性化的转化升级。

（三）新媒体对高校大学生群体力量的凝聚

新媒体的信息传播开放、及时、迅速。大学生不仅是信息的接收者，也是信息的传播者和制造者。社会主义核心价值观的文化引领和思想引导作用，使得大学生的思想在逐渐地改变着。通过主流文化的良性补充，大学生的群体正能量得到了凝聚，唤醒了他们的体验共鸣，实现了文化认同。

新媒体出现后，大学生获取知识不再局限于课堂，还可以通过新媒体等网络平台。从专业知识学习来看，他们可在网上搜集书本知识、学习资料等，还可以进行分享。从其他角度来看，他们可以通过网络平台了解政治、体育、军事等不同文化信息；通过探讨信息，不断加深对社会的认知、对世界的认识。集体的学习和探讨使得他们获取知识的渠道和种类越来越多。他们既可集思广益，还可增强知识储备，拓展视野，发掘自己的兴趣点，开发内在潜力，从而提高自身的综合素质，增强自我凝聚力。

在新媒体出现后，"95后""00后"大学生的想象力和创造力获得了更多的认可。他们的创新点和闪光点发布到网络上，很容易引起集体关注和共鸣，获得大众的认可和鼓励。所以，新媒体为大学生个人的发展提供了机会，也提供了更多发展空间。大众力量使得他们的个人思想产生了更强的力量感。

二、基于新媒体高校教育的劣势

新媒体的信息传播方式具有很大的隐蔽性，也存在一定的强迫性。新媒体具有"不专注、不深度、不负责"三大弱点，这也是新媒体产生负效应的原因，因此，对新媒体的使用监管也提出了新要求。

（一）新媒体对大学生思想意识的负效应

我们身处一个信息泛滥的社会，每天都有大量的信息通过新媒体轮番对我们的感官进行轰炸。大学生在铺天盖地的信息中难以取舍，一旦不能及时有效甄别，就会影响他们的思想意识，使他们产生认知偏差，改变了他们的思维方式，使他们的价值观出现被"西化""淡化""俗化"的问题。

（二）新媒体对大学生价值观的冲击

大学生是个比较特殊、相对弱势的群体。整体来说，他们缺乏社会经验，面对海量的网络信息，要选择正确的、有利的，有一定难度。由于这一群体好奇心强，自我监控能力较弱，一旦接受了不良的信息，就会影响他们的人生观、价值观和世界观。如果大学生长期接受这种负面信息，久而久之，他们就容易迷失自我，滋生不良情绪，甚至会伤害身心，对学业产生影响，弱化社会责任，留下祸患。

（三）新媒体对大学生行为习惯的负效应

调查显示，高校里面几乎有一半的大学生每天除去吃饭、睡觉和上课，几乎大部分时间都在上网。一个大学生如果过度使用手机、沉迷网络，则其人际关系的建立就会很脆弱。他们宁愿与网上的人建立关系，也不愿意与教师、同学过多地进行交流和沟通。如果这种状态，那么不仅他们的交际能力会减弱，现实与虚拟的界限对他们来说也会变得模糊，这既会影响他们的身心健康，严重的甚至还会导致他们出现交际困难、心理扭曲等问题。

（四）新媒体对大学生未来发展的负效应

大学生越来越依赖新媒体提供的资源，最终会导致他们缺乏创造力。过于依赖网络会使大学生失去独立思考的能力。如果大学生的创造力被抹杀，则国家的长远发展也会受到影响。

新媒体的出现导致出现了特有的"宅"文化和"手机依赖症"，而这两种现象的危害都极大。新媒体使我们跨越了实践这道坎，接受现成的知识，而这种知识的适应性差，对大学生的学习、生活没有积极的指导作用，还在很大程度上让他们产生依赖、缺少思考，抹杀了他们的创造力，这些对未来大学生的发展极其不利。

三、运用新媒体加强大学生思想教育的力度

（一）实施教育管理针对性、目的性不强

"95后""00后"高校大学生的群体个性鲜明，加之网络知识的传播迅速，以及信息不对称性，他们的思想变得独立、多变和异化。他们的视野开阔，接收信息的渠道更多元，心智发展超前，知识面和成熟度远远超出了教师的想象。学生想要什么和怎么想教师不一定完全知道，也不理解；反过来，学生却知道教师和社会想要什么，这导致教育管理的针对性、目的性都不强。

（二）新媒体对思想教育工作者的现代化素质要求更高

高校大学生面对新媒体的冲击产生的变化也并不完全适应，主要集中体现在运用技巧、理论知识、技能储备相对单一，利用新媒体的意识还不强等方面。因此，新媒体对高校学生教育工作者提出了更高要求，如善于掌握技术、丰富知识储备、主动适应新媒体、提高创新意识、加强自身素质等。

（三）新媒体对思想教育传播正能量的考验

既要看到新媒体的文化传播的正能量，也要发现网络化、虚拟化等引发的后果，如"低头族""游戏控"等影响了当代大学生思想的形成。思想教育工作者既要面对受教育者，还要面对新媒体下教育的新形势、新手段，因此，教育传播的正能量也经受着巨大的考验。

四、基于新媒体的大学生思想政治教育建议

（一）制定新媒体规范应用标准体系

就目前来看，我国还没有一部专门针对新媒体信息传播秩序的法律，新媒体行业的自律规则也相对薄弱，国家应从多方面规范新媒体应用体系建设。随着互联网技术的发展，传统道德对网络的虚拟性和隐藏性失去了应有的约束力。这就要求政府部门加大对信息发布的审查力度，持续有效地对网络信息进行监督和管理，以保证信息的真实和健康，同时通过新技术、新手段加强对新媒体的内部管理。

（二）发挥思想政治教育主阵地的作用

高校思想政治教育工作者，应该在各种互联网技术中探索渗透思想教育的内容，特别要关注大学生点击率高的学习考试网、校园新闻网、学习强国等，学习如何在枯燥、

抽象的思想教育中引入有教育意义的节目内容，使得思想政治教育变得生动、有趣、具体、实际，进而增强在线思想教育的吸引力、渗透力，潜移默化地感染大学生，增强教育的实效性。

另外，高校要结合自己开展思想教育的实际情况，建立协调统一、高效畅通、全方位的校园新媒体体系，以把握正确的校园舆情、舆论导向。通过校园新媒体体系及时了解学生的思想、学习、生活和工作状况，随时把握他们关注的热点和焦点问题，及时对他们进行引导和教育，尽量将矛盾和冲突等消灭在萌芽状态，维护好校园的安全和稳定；在思想政治教育的基础上建设学生校园网，构建大学生获取知识、交流思想的平台，为大学生的学习和生活提供优质、高效、全面的服务，使高校校园网真正成为受大学生关注的平台，融合教育，为大学生提供学习、生活、出国、就业、心理咨询等服务；进一步建设好教育专题网站，内容要贴近学生的实际和生活，紧紧围绕习近平新时代中国特色社会主义思想、爱国主义、理想信念等方面进行教育，为大学生的成长成才服务。

（三）提升大学生的新媒体素养

当代大学生应该努力培养自我教育的能力，提高自身理论素养和新媒体素养。大学生应该学会在复杂的新媒体环境中去伪存真，提升自己对信息的认知和理解，主动、自觉地学会自我约束、自我教育、自我管理和自我服务。其中，自我约束、自我教育是基础，自我管理是保障，完成自我服务的目的。在大学生自我教育中，教育工作者可以利用新媒体的时效性和正效应，有效提高他们的认知和调控能力，完善他们的个性，丰富他们的精神世界和实践能力，促进他们健康成长，帮助他们最终成为"四有"新人，为投身于社会主义现代化建设做准备。

第五章 新时代背景下高校教育教学方法的改革创新理论研究

第一节 高校教育教学方法改革创新的必要性

教学是高校的中心工作，教学方法是实现教学目标、保证教学质量的重要手段。为提高教学质量，优化教学效果，各高校纷纷推行教学改革，其中，教学方法的改革是深化教学改革的重要突破口和切入点。很多学者对高校教学方法改革十分关注，并进行了许多有益的探索和研究，本节将就此进行回顾和总结。

一、关于高校教学方法的界定

关于"高校教学方法"的定义，学术界至今没有统一的观点，可谓众说纷纭。潘懋元教授认为，"高等院校的教学方法乃是教学形态的科学方法，是科学方法在教学条件下的运用，即是说，高等院校教学方法的本质是师生联系方式与科学方法的统一，也是教学方法的对象特点与学科特点的统一。"薛天祥认为，"高等院校的教学方法是教师和学生为达到教学目的而共同进行认识和实践活动的途径和手段，也就是教师如何教、学生如何学的问题。"也有学者认为，"高等院校的教学方法，就是高校教师在一定教学思想的指导下，引导和帮助学生如何科学地认识已有人类知识成果和学科前沿知识以及如何进行科学思维与探究的方法。"

通过以上表述可知，高校教学方法是一个多维概念，既体现出"教学方法"的基本含义，又体现出"高校"的属性和功能。高校教学方法从属于整个教学方法体系，是"教学方法"的基本含义在高校教学领域的具体体现，但由于高校教育对象的特殊性，高校教学方法有着区别于一般教学方法的特性。有学者认为高校教学方法主要有三个方面的特点："师生共同控制信息的传递；教师教的成分逐渐减少，学生自学的成分随着年级的升高而递增；教学方法与研究方法相互渗透和结合。"根据高等教育的专门性和大学生身心发展的特点，笔者认为高校教学方法区别于普通教学方法的特殊性就表现为明确的专业指向性和与科学研究方法的接近性。

二、教学方法改革的迫切性和要性

目前，学术界关于高校教学方法改革的必要性和迫切性的研究相当多，研究者从不同视角进行了深入分析。周远清在首届大学教学论坛上指出："中国高等教育的教学方法太死，把所有学生都培养成一个模样，压制甚至扼杀了学生的个性。没有个性就没有创造性。"有学者指出："填鸭式的、布道式的讲课依然盛行。"钟秉林认为应从"信息化和知识经济的社会要求""现代教育思想和教育观念的确立""教学内容和课程体系的逐步优化""现代教育技术的应用"四个方面积极推进教学方法的改革。

综合已有的研究成果，可将高校实行教学方法改革的动因概括为以下几个方面：一是传统教学方法存在诸多弊端。传统"满堂灌"式的教学方法忽视了学生的主体性、能动性和创造性，扼杀了学生的个性，不利于学生的全面发展，因此必须改革这种陈旧、落后的教学方法。这是应对知识经济时代现代科学技术迅猛发展带来挑战的必然选择。二是高等教育改革的迫切要求。教学方法改革是高校教学改革的重要内容，高校应该把教学方法的改革作为全面推行教学改革的重要突破口和切入点。三是现代教育观念和教育思想的确立，要求高校必须改革教学方法，促进现代教育技术的发展和推广应用。

在大规模的高校教学改革的影响下，我国高校教学方法的改革如火如荼地开展着。传统的注入式的教学方法受到普遍的批判，人们迫切要求在教学方法中融入新的元素，发现法、情境教学法、案例教学法等得到认可，并得以推广试行，也取得了不错的成果。张波等学者指出："教学方法的改革仍滞后于其他方面的教学改革，其难度大、阻力大、改革进展相对小。"综合有关学者的研究，笔者认为当前我国高校教学方法的改革虽然取得了一些不错的成果，但从整体上来看，教学方法改革仍很薄弱，缺乏突破，需要相关部门给予高度重视。

学者们基于比较的视角对国外高校教学方法的改革进行了有价值的研究。其中，有学者指出，尽管各国的文化背景、教育传统存在差异，但面对相同的时代背景和挑战，各高校在教学方法改革上呈现出如下一些共同点：重视讨论和交流、重视合作学习、重视探究和创新精神的培养、注重个体化、重视采用现代教学技术。也有学者单独对美国研究型大学的教学方法改革进行研究后指出，美国研究型大学本科教育改革新动向是：以研究为基础的教学模式、以探究为基础的大学新生年、创造本科生的顶峰体验，构成了贯穿其本科教育全过程的教学方法改革的核心内容。

三、高校教学方法改革的阻力

为什么高校教学方法的改革难度大？到底是什么在阻碍着高校教学方法的改革？学者们仁者见仁、智者见智，可谓是各有千秋。

有学者从主观和客观两个角度探讨了高校改革教学方法的阻力，客观因素主要有：政策支持力度不够；缺乏必要的物质保障；师资力量紧缺；各类评价指标中关于教学方法的评价标准模糊，缺乏可操作性；管理条框的约束等。主观方面的因素则包括认识理念因素、能力因素和管理因素等。学者丁三青则从宏观（理念）、中观（制度）、微观（技术）三个层面寻找病源，认为当前阻碍教学方法改革的因素有三个层次十个方面：理念层次（观念陈旧狭隘，传统的思维模式，缺乏民主、自由、平等精神，畏难心态），制度与管理层次（高校扩招对教学方法改革的负面影响，管理制度工具性严重，应试教育制度化，现行教学评估制度的缺陷，学校顶层管理的技术主义），技术层次（现代教学技术的弊端）。也有学者认为，高校教学方法改革的阻力主要源于学校、制度，以及管理、管理者、教师、学生等方面。从学校看，教学改革，特别是方法改革没有引起足够的重视；从制度和管理看，工具性严重；从教学思想观念看，存在较多陈旧、狭隘的观念；从管理者看，忽视教学的学术性；从教师看，缺乏培训和改革动力；从学生看，存在思维定式和学习惰性。

当前阻碍高校教学方法改革顺利进行的因素是多方面的，存在于各个角色和流程中，有理念的问题，有条件的问题，有技术的问题，有管理和制度方面的问题，以及各方面的相互协调问题等。

四、教学方法改革的方向及应对之策

（一）改革方向

虽然各高校的具体情况不尽相同，但在教学方法改革的方向上表现出了大致相同的趋势。学者们对这个问题的研究较多，虽然表述不一，但总地来说，学者们对高校教学方法改革的方向有一些普遍的认同。

笔者在综合相关学者观点的基础上，得出如下结论：一是在教学方法的功能上，由"授人以鱼"到"授人以渔"，由重视知识传授走向重视知识传授、能力培养与素质提高；二是在教学方法的指导思想上，由注入式转向启发式；三是在教学方法的结构上，由以教师讲授为主发展为教师讲授和学生自学相结合，强调多种教学方法相结合，注重教学方法的整体改革和教学方法选择的最优化；四是在参与主体方面，由单向性走向多向性，教法和学法相结合，由重"教"轻"学"转到重"学"；五是充分运用现代化的教学技术和手段，注重多媒体的选择和使用；六是在教学过程中加强理论和实践的结合，突破教学活动的空间限制，让教学走向"社会大课堂"；七是重视教学活动的继承性和发展性，注意处理好二者的关系。

（二）应对之策

有学者认为，当前高校教学方法改革面临诸多困境：一是教师投身教学改革的动力不足；二是扩招导致教学条件不足，尤其是师资严重不足；三是教学内容改革存在着保守与冒进并存的不足；四是贬低讲授在课堂教学中的作用；五是用课堂效果等同于教学效果，唯方法而方法；六是忽视学生在教学改革中的作用。根据有关学者的观点，可将当前高校教学方法改革面临的困境概括为以下几个方面：政策的支持力度不够；教师和学生对教学方法改革的认识存在诸多不足；高校现有的条件和技术有限；各层次之间的协调配合不到位。

针对高校改革教学方法过程中面临的困境和误区，学者们在研究的基础上给出了行之有效的建议，综合起来主要有以下几个方面：第一，加快更新教育思想，转变教育观念，以更好地指导高校教学方法的改革；第二，对广大教师进行专门的教学方法的培训，提高他们运用教学方法的能力；第三，改革教育管理体制，给教学方法的改革提供一个相对宽松的环境；第四，多开关于教学方法的研讨会，改进对教学方法成果奖的评审方法，加大对成功教学方法宣传和推广的力度；第五，发挥学生在教学方法改革中的重要作用，提升他们适应新型教学方法的能力；第六，学校必须提供必要的物质和制度保障；第七，尽快实现教学考核的规范化、制度化、科学化，把教学方法的改革作为教学考核的一个重要内容。

纵观国内外关于高校教学方法改革的研究，可以发现，研究的面很广，除上述方面外，还涉及学科教学方法改革、素质教育要求下的教学方法改革、现代科学技术发展对高校教学方法改革的要求等等，这些研究都取得了很大进展，对高校教学方法改革的实践提供了一些很好的帮助，但当前的研究也存在着诸多不足，亟待改进。

有些方面的研究不够深入，仅限于表面，没有深入挖掘，如对高校教学方法改革面临的诸多困境及其原因的研究就有待进一步加强。对高校教学方法改革进行研究的目的就是为了更好地指导实践，推进高校教学方法改革，但现状是理论研究较多，而可操作性的实证研究却很少，这样研究就缺乏针对性，无法给高校和教师提供有效的可操作的建议。教学方法改革不仅要注重创新，而且应重视继承和借鉴，继承传统教学方法的精华部分，借鉴高校教学方法改革的有益经验。

高校教学方法改革关系到高校教学改革的进展，关系到高校的教学质量，关系到人才培养的质量，进而关系到整个社会的文明程度，关系到国家的综合国力和国际竞争力。因此，对高校教学方法改革进行更深入的研究是非常有必要的。

第二节　高校教育教学方法改革创新理论研究

一、教学方法内涵的理论问题分析

第一，持有这种观点的理论界人士错误地把教师选择教学方法时应综合考虑学生实际的学习规律这一行为与学习方法混为一谈；第二，这些人还错误地假定学生原来使用的学习方法是正确的，并没有考虑这种假定是否能站住脚。其实，教学方法在西方教育界被定义为教学的方法"method of teaching"，而不是将其称为教与学的方法"method of teaching and learning"，因此，我国的教育界人士应参考先进理论知识，正确认识教学方法的内涵，这样才能为我国高校的教学方法改革提供理论依据，而不是造成思想上的混淆。当然，参考先进的教学方法理论，并不是一味照搬，而应综合考虑实际情况，对其进行一定的改造，这样才能更好地对我国的学生进行良好的教育。

二、教学方法性质的理论问题分析

当前，在课程改革背景下，在教育界经常会听到诸如"教学方法过于滞后""优化并改革传统的教学方法""改变陈旧的教学方法"等论断。这些论断表明，在我国教育界很多人的思想认识中，教学方法是有优劣、高低之分的。其实不然，我国现代著名教育家叶圣陶曾经说过："教学有法，教无定法，贵在得法。"这句话就充分说明了教学方法并无高低、贵贱、优劣之分，只要使用恰当，任何方法都是好的教学方法。

但在当前的高校教学方法改革中，常常有教师会提出这样的问题："在 ×× 教学中，哪种教学方法最好？"这句话充分显示了在这些教师的心目中，教学方法有好的，也有不好的。这种思想虽然并没有什么不对的地方，但过于机械。每一位教师在一堂课的教学中都不可能采用一种教学方法，而且，教学方法滞后的说法也并不是意味着教学方法本身陈旧、滞后，具有优劣高低之分，而是指教师在采用这些教学方法时所持有的教学观念是陈旧的、落后的。在这种陈旧、滞后的教学观念引导下，这些教学方法才无法发挥出应用的功效。举个简单的例子：在高校的英语教学中，可能某种教学方法效果极佳，但将这种教学方法运用到思想教育中可能就无法取得理想的效果；相反，可能对于英语教学无用的教学方法却在思政教育中发挥出巨大的功效。这就说明，任何一种教学方法都有其自身独特的作用和功效，只要抓住这种教学方法的精髓，教师再结合自身的特点开展教学活动，就可能获得巨大的成功，这种教学方法就可能成为一种有效的教学方法。因此，在实际教学中，教学方法并没有什么高低、贵贱和优劣之分。

三、高校教学方法特殊性的理论问题分析

当前，在我国教育界，对于高校教学方法是否具有特殊性的认识已经达成了共识。高教理论界普遍认为，相较于义务教育和高中教育，高校教育的教学方法具有较大的差异。但在谈及这种特殊性的具体表现时，高教理论界却具有较大分歧。很多学者认为，在高校的教育中，因为当前我国经济发展已经进入新常态，社会对人才的需求发生了极大的改变，而且高校的人才培养目标也发生了较大的转变，教师的比重逐渐降低，实践的比重越来越高，因此，教学方法应越来越重视实践教学。但在实际教学中，义务教育阶段和高中教育阶段也都十分重视实践教学，并开设了综合实践教学课程，因此，这种观点并不妥帖。有的学者认为，当前的高校教学更加重视信息化教育，很多教师借助信息技术手段，纷纷采用翻转课堂教学模式，使"教"的比重越来越低；学生自主学习的比重逐渐增加，而且学习的方法也逐渐由再现式转变为探究式，这就是高校教学方法特殊性的显著表现。但根据笔者在前文关于教学方法内涵的阐述，这种特殊性的理由也站不住脚。还有部分学者认为，在高校教学中，教师采用的教学法由过去的"灌输法""传授法"转变为指导法，这是高校教学方法特殊性的显著体现。但根据笔者在教学方法性质中的分析，教学方法本身并没有高低、贵贱和优劣之分，这种观点显然也是站不住脚的。因此，要认识这种特殊性，笔者认为高教理论界的学者应从高校与义务教育及高中教育最基本的特点进行分析。我国相关教育学者对高等教育阐述归纳的两个基本特点：专业教育和学生身心发展的特点，能明显地体现出高校教育中教学方法的特殊性。首先，高校专业教育的特点。当前我国各大高校最大的特点就是培养的学生是我国社会各行各业所需要的、专门的人才，学生学习的也是都专业的知识，具有很强的专业针对性，同时也更具探索性。其次，高校学生身心发展的特点。高校的学生在生理和心理方面已经趋于成熟，对事物的认识更加深刻，也更加理性，因此，他们学习知识不再是简单地对知识进行吸收，并形成一般的能力，而是更加深入地探究科学知识，掌握科学的方法论和构成思想基础的方法。基于以上两点，高校的教学方法具有更加明确的专业指向性，更接近于科学研究的方法，而不是像义务教育阶段和高中教育阶段的教学方法。因此，

高校教学方法改革的目标也必须向着这个方向前进。

四、教学方法的归属理论问题分析

研究完高校教学方法改革的内涵问题、性质问题和特殊性问题以后，我们还必须研究一下教学方法的归属问题。在教育理论界，教学方法是归属于科学还是艺术，是一个古老的课题，直到今天，人们仍然没有达成共识，在认识上仍有较大分歧。但这一问题对于教学方法的改革却有极大的影响，左右着教学方法改革的方向。如果完全将教学方法归属于科学领域是行不通的，因为很多时候，教学方法在使用中的艺术性占了十分显著的位置；如果将其归属到艺术领域，同样也是行不通的，因为教学方法都有固定的套路，必须遵循一些同性的要求和实施的步骤。因此，我们不能简单地将其进行归属，而应该辩证地看待其科学性与艺术性，在掌握教学方法和普遍性的基础上，追求个性化和创造性，也就是所谓的"熟能生巧"；在熟悉和掌握的基础上，对教学方法进行创造性地运用，这样才能更好地促进高校教学方法的改革，提高教学的质量，从而培养学生的综合素质与能力，为他们未来的发展奠定坚实的基础。

综上所述，在高校的教学方法改革中，高教理论界还存在一定的认识分歧，笔者分析了这种分歧，并阐述了自己的观点，可能还存在认识不到位的情况，希望广大同人能积极予以批评指正，同时也希望能对高校的教学方法改革提供有益的参考。

第三节　网络时代高校教学方法的改革与创新

一、多媒体网络技术在高校教学中的作用及意义

信息技术的迅速发展把人类带进了数字时代，20世纪90年代发展起来的多媒体和网络技术是信息世界里一个新的应用领域，给人类的生产方式、工作方式和生活方式带来了巨大的变革。多媒体和网络应用于教学，给高等教育带来了新的生机，成为教学改革的突破口。

多媒体计算机是指计算机综合处理多种媒体信息，包括文本、图形、图像、音频和视频，使多种信息建立逻辑连接，集成为一个系统，并具有交互性。计算机网络使用通信线路和通信设备，将分布在不同地点的具有独立功能的多个计算机系统相互连接起来，在网络软件的支持下实现彼此间的数据通信和资源共享。

多媒体网络教学具有信息载体多样性、集成性和交互性，以及信息资源开放性特点。学习者既能听到又能看到，再通过讨论、交流用自己的语言表达出来，知识的掌握难度大大优于传统教学的效果。多媒体网络教学不仅有利于知识的获取，而且有利于知识的保存。人机交互、立即反馈、形象生动是多媒体网络教学的显著特点，它能够有效地激发学生的学习兴趣，使学生产生强烈的学习欲望，从而形成学习动机。多媒体网络教学还有利于培养学生的创新精神和促进学生的信息处理能力的发展。学生可以在互联网的信息海洋中自由探索、发现，还能不受时间和地域的限制，获取最新的资料信息。

二、高校多媒体网络教学中存在的问题

充分运用多媒体网络可以最大限度地提高学习效率，推进素质教育的发展，但现阶段多媒体网络教学仍然存在很多误区和问题，主要体现在以下几方面：

（一）课件制作过于粗糙

一些课件只是简单地把课本的知识点用幻灯片版输出来，把屏幕当成电子黑板，没有充分运用各种媒体的优点，不管是抽象的还是复杂的知识点通通采用文字进行表述。这样枯燥和单一的文字幻灯片不能深化学生对于知识的理解和记忆，更激发不起学生的学习兴趣，反而消磨掉他们原有的好奇心。

（二）忽视了教师与学生的互动关系

讲课本身是一门艺术，教师通过丰富知识、幽默的语言、动作姿势、面部表情、眼神变化、语言艺术激发学生学习兴趣，使学生全神贯注地听讲、思考。教师可根据课堂情况，临场发挥，组织教学。部分教师采用多媒体进行教学的时候，只把做好的课件演示一遍、读一遍，充当着放映员和播音员，学生看到的是一个个生硬的知识点；用幻灯取代所有的教学环节，用现代化教学手段进行满堂灌。课堂没有知识探索的过程，没有教师与学生互动交流，气氛拘谨，不活跃；再加之多媒体课堂的光线较差，教学效果不够理想。

（三）现代教学资源没有得到充分运用，利用现代教育技术的能力有待提高

多媒体网络教学的资源是相当丰富的，开发课件的软件除了常见的 Microsoft Office Power Point 外，还有 Autorware、Adobe Flash、Front Page 等，同时教师还可以利用电子邮件、网络论坛、MSN 等方式实施教学，以及进行信息反馈和交流。许多教师把多媒体网络教学局限在幻灯片和投影仪上，对于学校的网络教学平台，仅有少部分教师能利用起来；对于图书馆强大的数据库，仍有教师不会运用。

（四）忽略了多媒体数据库的管理

随着多媒体网络教学的不断普及、资金的不断投入，多媒体资源变得越来越丰富。构建内容丰富、方便快捷、系统配套、先进实用、覆盖面广的多媒体信息资源变得格外重要。有的学校对多媒体素材、电子教材、多媒体课件库缺乏系统的管理，许多素材都是零散地掌握在教师手里，教研室缺乏这方面的建设。有的学校只注重硬件的投入，不重视软件的建设，多媒体数据库的管理在教学中跟不上教学的需要，经费几乎全投入购置设备，却舍不得花钱购买优秀的软件。

（五）多媒体网络技术未能充分发挥作用，忽视了对于学生能力的培养

教育者有时过于强调教材和教师的权威性，认为教学就是把人们早已检验过的、无须怀疑的课本知识装进学习者的头脑中，让他们理解记忆下来，从而在以后需要的时候可以提取出来加以应用。用这种模式培养出来的学生可以拥有丰富的知识，却没有自己的思想，只能占有别人的观念，以别人的观念代替自己的见解，缺少分析、批判精神和创新能力。当今的社会是一个知识倍增、信息爆炸的社会，人们不可能在有限的时间内从学校学到终生受用的知识，用"重知识，轻能力"的教学模式培养出来的学生是不能适应社会需求的。

（六）教育思想、教学观念不能适应现代教育技术的发展

多媒体和互联网所提供的良好交互性、媒体的多样性和信息资源的开放性等特点是传统教学手段不能比拟的，但是多媒体和互联网应用于教学多年，仍然没有取得重大突破，其原因是忽视了更深层次的改革——教学结构改革。所谓教学结构，是指在一定的教育思想、教学理论、学习理论指导下，在某种环境中展开的教学活动进程的稳定结构形式，是教学系统四个要素（教师、学生、教材、媒体）相互联系、相互作用的具体表现。如果只改进教学内容、手段、方法，而教学的指导思想仍是老一套，那么即使内容、手段、方法改得再先进，整个教学也不会有太大的突破。所以，要想使现代教育手段充分发挥作用，使教育适应时代的发展，就必须寻求一种先进的、与现代教育手段相适应的教学理论来指导教学设计。

三、高校多媒体网络教学改进的方法

（一）转变教学观念，采用双主教学模式指导教学

目前，许多学校的教学基本上都是以教师为中心，其优点是有利于教师主导作用的发挥，便于组织、监控整个教学活动进程，有利于系统的科学知识的传授。其严重弊病

则是忽视学生的认知主体作用，不利于具有创新思维和创新能力的创造型人才的培养。

以学生为中心的教学模式主要为建构主义理论模式。它强调学生是认知过程的主体，是意义的主动建构者，因而有利于学生的主动探索、主动发现，有利于创造型人才的培养。但是，这种模式由于强调学生的"学"，往往忽视教师主导作用的发挥，当学生自主学习的自由度过大时，还容易偏离教学目标的要求。

以上两种教学模式各有优势与不足，不能简单地去肯定或否定；应当彼此取长补短、相辅相成，由此产生双主教学模式。这种模式既能发挥教师的主导作用，又能充分体现学生的认知主体作用。在整个教学进程中，教师有时处于中心地位，但并非始终如此；学生有时处于"传递—接受"的学习状态，但更多时候是在教师指导下进行主动思考与探索；教学媒体有时作为辅助教学的工具，有时作为学生自主学习的认知工具；教材既是教师向学生传递的内容，也是学生建构意义的对象。所以，双主教学模式既注意教师的教，又注意学生的学，把教师和学生两方面的主动性、积极性都调动起来了。

（二）提高教师驾驭现代教学手段的能力

高校应加强多媒体软件的培训学习，使教师掌握多种媒体软件为教学服务。教师在做课件时应充分利用文字、图形、动画、影像和声音等媒体手段，将可视化、临场感、交互、引导结合在一起，启发学生思维。教师在课堂上应避免只把学生当作存储器，要通过提问、讨论等多种方式和学生互动，促进学生的思维联想，加强学生对知识的重组和改造，激发其求知兴趣。

高校应鼓励教师开发优势课件，尤其是针对重点学科和精品课程更应投入一定的精力和财力开发一些优秀的课件和视频资料。教师可以将多媒体教学资源放于网上，给学生提供自主学习的平台。学生可根据自己的实际情况确定时间和进度在网上阅读参考资料，还可以定时与教师通过在线方式进行交流。

同时，高院应加大对多媒体资源库的经费投入，定期购置一些优秀的多媒体软件；应注意收集教师手上零散电子教材、课件、视频等多媒体资源，进行优化管理，达到资源共享。

（三）以多媒体网络技术的发展为契机，推进素质教育

首先，教师在做课堂设计时应尽可能利用多媒体网络的特点提供交互式学习的环境，激发学生的学习兴趣，尽可能地让学生主动思考、发现、探索知识，使学生主动参与学习。其次，教师应注重增强信息处理能力，包括信息获取、信息分析和信息处理加工的能力。互联网是世界上最大的知识库、资源库，但是许多学生只把互联网当作娱乐聊天的工具。教师应提出相应的要求，督促学生利用互联网获取学习资源，并学会将获取的大量信息

进行分析、评价、优选和进一步加工，从而完成"自主发现、自主探索"式的学习，使学生的信息处理能力得到最好的锻炼。

第四节　慕课背景下的高校教学方法改革与创新

慕课给高校教学改革带来诸多挑战，冲击着高校以教为主的教学理念，对教师能力提出更高的要求，迫使教学评价面临困境。慕课背景下高校教学改革需要采取相应策略，如建立传统高校教育与慕课教育耦合机制、夯实教师的教育教学能力、提高慕课教学的手段及方法、建立基于慕课平台的教学评价体系、强化校园教学文化建设等加以应对。

一、慕课对高校教学改革的挑战

科技发展带动教育技术的进步，也改变了教育自身。慕课的兴起可以看作是一种教育革新的浪潮，也是一股新鲜的空气。但是，慕课毕竟只是一个虚拟的网络平台，这种在线学习的方式存在着局限性，不可能取代传统意义上的教学。

（一）冲击高校以教为主的教学理念

国家在高等教育阶段鼓励课程改革。现阶段，大部分高校仍然是以教学为主要任务，教师是课堂的主导者，学生则是被限制的一方。如果将慕课融入课堂教学或者作为辅助教学的手段，那么教师与学生的主体性定位会在网络教学平台上得以改变。这种由"授"到"学"的转变，以及教育观念和教育方式的差异，大大冲击了高校以教为主的教育观念，使一些高校在短时间内难以适应。

虽然慕课教学理念适应现代教学，但是其统一设计和规划的教学模式无法做到在小范围内因材施教，满足不了不同层次学习者的实际需求，这也是慕课选课者众多但结业率却不高的主要原因。慕课平台上每一门课程的学习都需要学习者有一定的专业基础知识和行业认知。就目前而言，不管是 Coursera，edX 还是优达学城，其课程都是按照大类来分的，如 edX 中的课程分为"建筑类""金融和经济类""教育与教师培训类""商务与管理类"等。在每一个类别下零零散散的课程难以形成体系，所以单纯凭一门课的学习来掌握一个专业或一项技术显然是杯水车薪。当然，像 edX 这样的慕课平台也有系统化学习的考虑，如 edX 开始提供 Micro Masters 和 X Series 课程，这是联合企业共同认证的系统化在线学习课程。

慕课的教学理念和内容的不断革新和与时俱进冲击着传统的教学理念。慕课开发者有市场化的考量，需要凭借不断尝试新的理念来吸引学习者参与平台学习。

（二）对高校教师能力提出更高要求

第一，挑战教师对课程知识的掌握程度。任课教师讲授一门课程的先决条件是掌握该门课程的综合知识，并在这个基础上有所扩展。这些知识最终会体现在慕课课程的教学过程中，如果描述的内容不客观或者是错误的，就会被学生质疑。而慕课的学习者在某些方面或许比任课教师了解得更多，例如工程师在实践中的经验和技能不比任课教师逊色。

第二，挑战教师对知识的传播能力和水平。任课教师即使学富五车，如果不能有效地将知识传递给学生，那么他在教学方面就是失败的。慕课平台的教学接受各行各业人士的监督与评价，任课教师知识传播的质量决定了慕课学员的评价，而慕课学员的评价决定了该任课教师所授课程是否有必要在平台上线。从一堂慕课课程的设计一开始，任课教师就需要细化课程讲授与学习的有效时间，在这个过程中还要兼顾教与学的互动，以及教学过程中信息的反馈。因此，教师需要花精力控制时间，做好教学内容设计，提高课程的知识传播力度，并且及时通过信息的反馈改善自己的教学。

第三，挑战教师对知识的创新能力。慕课平台的课程需要具备创新的内容，让学习者接受除教材以外的更高层面的内容。这一点目前在各大慕课平台的课程中均有体现。通过课程学习，一方面学生要掌握基本知识，另一方面教师要在这个基础上引导学生去思考和探索，知识创新能力的提高成为充实教学内容的重要法宝，这两个层面如何在慕课平台教学内容中体现成了任课教师需要思考的问题。

（三）传统教学方法和手段面临挑战

传统课堂的学生来源于逐级选拔，并且课程只针对该年级、该专业，甚至是该班级而开设，这是一个封闭课堂的概念。较之课堂的这种封闭性，慕课实现全面融合成公共开放的大课堂。在虚拟课堂中，具有不同需求的学生可以自由发表看法、评论和意见。这种情况在传统课堂中没有出现过，是任课教师面临的新挑战，会促使任课教师深刻反思自己的教学方法。然而，这种前所未有的复杂教学是教师个体无法独立完成和应对的，这就促使教师之间开展团队合作，将个体劳动成果转化为集体智慧，推动网络课程步入团队化教学发展的新时代。此外，慕课平台增加了教学成本。作为一个大规模的在线课程平台，慕课平台是教育技术的集成，其运作需要强大的信息科技支撑，而这些信息技术的硬件条件和软件条件的建设需要前期投入大量的人力、物力、财力。相对于传统的教学，慕课的一次性投入是巨大的。

（四）教学评价面临困境

在传统教学中，教师可以在课堂时间利用讲解、讨论、辅导、测验、考试等方式掌握学生的学习情况，对学生掌握的知识掌握的进行评估，继而及时反馈用以改善自己的教学方法。而脱离了传统课堂的慕课平台，评价与测试成为慕课教学最大的难点。此外，慕课平台的考试避免不了学习者作弊的可能性，这比传统课堂容易得多。在这种情况下，即使系统分析出学习情况和学习效果评价，教师得到的也是失真的数据。

慕课平台教学的效果得不到实践上的检验。慕课平台虽然设计了很多分组讨论和师生互评、生生互评的方式，但这些是学习过程中的评价。而现实中，因为学习者众多，使得平台无法逐个追踪和反馈学习者是否真正掌握了知识，或者在实践中起到的作用。慕课课程的建设由名校名师牵头建设，虽然能够满足学习者对名师授课的需求，但是修读完名师的课程，学习者不一定就有成效。这种状态等于又回到学院式的教学思路，因为最终评定学习者学习成效的是实践，而不是简单地以修了多少名师名校学分加以衡量。

（五）高校传统教学文化受到冲击

慕课的教学形式弱化了教学过程中人文精神的贯彻。慕课网络的开放性冲击了高校文化生态的稳定性。"以慕课为代表的网络开放课程的模式模糊了教师和学生之间的界限，教师无法充分掌控教学过程"，[①] 这种师生关系颠覆了高校文化生态原有的差序格局，导致高校文化生态环境失衡。慕课模式推行扰乱了积淀已久的高校文化的传承途径，削弱了高校文化作为社会主流文化的功能。

二、慕课背景下高校教学改革的对策

慕课为高等教育教学带来了新的机遇与挑战。面对新形势，高校应积极采取对策，以适应新技术、新环境。

（一）建立传统高校教育与慕课教育耦合机制

慕课平台与传统教育方式相互融合、相互促进。首先，慕课并未动摇传统高校的教学指导思想，也未对教学理论、教学思想创新等形成促进作用。它本身的进一步发展，如慕课内容的创新、教学设计的创新等，还是有赖于传统教学的创新。当然，传统教育的改革也需要慕课平台提供技术上的支持，借助慕课平台，研究与发现、探索与争鸣式的教学理念才能够得以实现。其次，慕课教育模式的创新能催生出新的发现，以此推动传统教育模式的创新与改革。以前课程设计与教学安排是由教师主导和管控的，随着慕课平台的出现，学生也能参与课程的设计与知识体系的构建，在增强学生主体性地位的

---

① 马川,刘晓燕,孟凡斌.慕课背景下高校教学改革的挑战及应对[J].记者观察(上),2018(15):61.

同时也激发了其潜在的知识构建能力。在这个过程中，教师与学生都在不同程度上进行了角色的转变。最后，慕课平台可以通过大数据对学生的学习行为、进度、习惯与规律进行量化分析，改进平台的教学方式和模块设置。

（二）不断夯实高校教师的教育教学能力

慕课时代的来临要求高校教师与时俱进，摒弃传统教育理念的糟粕和局限。第一，教师要主动实现角色的转变，由课堂实施者的角色转变为组织者。慕课平台对教师课堂教学能力的要求比传统课堂的高很多，教师不但要参与慕课课程研发过程，还需要组织学生讨论问题，将课堂教学转变为讨论交流的活动。第二，教师要敢于挑战课堂教学的改革与创新难题，增强课堂教学的实际效果和趣味性。以前教师承担"传道授业解惑"的任务，在慕课平台上，教师还需要具备启发引导学生发现问题、思考问题和解决问题的能力。在这个过程中，教师融入了改革和创新的想法，让学生在学习中思考，在讨论中成长，在引导中探索。第三，夯实高校教师的教学水平。任课教师必须付出大量的劳动来设计教学，任课教师即使知识储备和授课经验丰富，在面对慕课课程的教学设计时也仍需要挖空心思，并通过实践检验不断地调整和改善教学方式方法。这个过程虽然需要很长时间，但也是提高教师教育教学能力的有效途径。

（三）不断提高慕课教学的手段及方法

慕课在教学过程中的一个主要特点就是教学内容自主化。也就是说，教学的内容不再受教师和学生的控制，因而难以保证教学目标的实现。慕课鼓励学习者通过相互之间的交流来创新课程的教学内容，任课教师作为平台课程的领导者、参与者和组织者，只是在课程的初始阶段将基本的知识框架提供给学习者，对于教学内容的丰富与创新则是交由学习者通过交流、讨论和思考而不断探索。随着课程学习的深入，教学内容逐渐丰富、课程内容越来越复杂、知识体系越来越庞大，此时需要任课教师建立课程组来做正确引导，让更多的教师参与到课程的教学与管理任务中，集思广益，不断创新教学内容，甚至在有些情况下，可以选择学习成绩优良的学习者作为助教来协助教师进行教学管理活动。

教师可以在传统课堂教学之前可以结合慕课平台进行部分内容的引导。一旦学生进入课程教学中，就会变成主导性角色，而教师将转换为课程的组织者。教师要注重对学生表现进行评价，通过不断互动，让学生在课堂上始终保持活跃的思维，保持思考和兴奋状态，极大地激发学生的学习兴趣，使课堂教学更加高效、更加生动。

（四）建立基于慕课平台的教学评价体系

不少高校教师因职称评定关系将主要精力投放在科学研究方面，而在教学时仅将书本内容原封不动地制作成课件，这种教学方式的效果可想而知。慕课平台的教学评价体系应当跟随教育改革的步伐，对平台任课教师的教学进行三方（高校、教师、学生）评价，从以前的定性评价渐渐转变为以定量评价为主。教师评价体系中的定量标准应该与定性标准统一起来，否则如果只强调定量标准而忽视定性标准，那么定量标准的真实性与可靠性必然会下降。

慕课平台的引入会增加教学成本，包括硬件和软件建设，而完成这些基本建设需要大量的经费支持，这就在传统教学的基础上又增加了教学与管理的新成本。在经费充足的部属高校，慕课平台的建设没有压力，但是地方院校如果要发展慕课平台就会在财政上有所顾虑。这种财政资源分配不均最终导致中国高校信息化程度参差不齐。我国有普通高校 2 000 多所，而部属高校只有几百所，各个高校各自为营进行开发还不如建设一个国家层面和高校联盟层面的慕课平台，以减轻资金不充裕的高校的财政负担。

（五）强化校园文化建设，倡导积极的慕课环境

第一，通过现代技术手段，增强高校文化的深层内涵。应该看到，信息化技术的应用也是促进高校校园文化氛围形成的重要手段，互联网可以传播知识，可以交流感情，也可以拓展校园文化并使之不断发展、传播、延伸。

第二，鼓励学生进行在线校园文化的建设。高校应充分利用学生群体的主观能动性，听取和采纳学生的合理建议，激发学生在文化认同和教学模式改革方面的主动性，鼓励学生参与学校的日常管理和未来规划。

第三，创造提升文化自觉与文化自信的慕课环境。费孝通在提出文化自觉概念时就认为："只有在认识自己的文化接触并理解了多种文化的基础上，才有条件在多元化的世界里确定自己的位置，与其他文化一起取长补短，共同建立一个有共同认可的基本秩序多种文化和谐共存的共处原则。"这一理念对慕课背景下国内高校在文化建设方面面临的挑战有重要的启发和借鉴意义。

第四，提升学习主动性，形成线上与线下互动学习的氛围。任课教师线下对学生进行指导与督促，使其养成自主学习的习惯。

第五节　实践教育教学方法改革与创新

什么是"真题"化实践教学？即实践教学的内容取自现实社会亟待解决的真实课题。本科生参加科研，在我国还比较少见。而美、英、法、德等发达国家高校的实践教学与

社会经济发展同步，与科技进步同步，与企业生产和政府及社会组织的需要紧密结合。实验项目、毕业设计、论文、调研报告等大多来自工厂、企业和社会组织，有很强的针对性和现实性，有些项目还是有偿的。这种先进的办学理念和经验值得我们学习和借鉴，应当说，它可以破解当前我国高校实践教学改革的关键问题。黑龙江大学文学院在实践教学改革方面做了有益的探索，即以社会实践方面的课题促进教学质量的提高，取得了较好的成效。我们是这种改革的参与者，本节就我们进行的教育教学改革实践进行分析、探讨，提出进一步开展实践教学改革的措施，力求促进教学改革的良性发展，为大学生的创业创新开辟最佳途径。

一、全面提高大学生的综合素质

"真题"化实践教学的作用何在？用一句话概括：全面提高大学生的综合素质，增强大学生的实践能力和创新能力。

开启心灵之门，铸造灵魂。我国的高等教育一向重视学生人文精神和人文品质的培养。著名教育家北京大学校长蔡元培、著名教育家南开大学校长张伯苓都积极倡导并躬身践行。他们都热情支持并组织开展文学社团和戏剧社团等社会实践活动，创作了许多优秀作品，演出了许多优秀剧目，这些成为中国现代文学史和中国现代戏剧史的佳作。张伯苓曾指出，从戏剧里可以得到做人的道理，会演戏的人将来在社会上必能做事。纪录片《百年南开》说明，事实果真如此。"南开剧社"创作、演出了许多名作，培养了曹禺等著名作家和表演艺术家，培养了不少老一辈革命家和其他优秀人才，有的还成了党和国家的卓越领导人，周恩来当年就是这个剧社的积极参与者。老一辈教育家把学生的社会实践视为开启心智、塑造灵魂的大事，让学生在实践中受教育，终身受益。当前，在计划经济向社会主义市场经济转型的时期，在商品大潮的冲击下，在不正之风的侵蚀下，某些传统的价值观念受到扭曲，不少青年学生对人生、理想、前途等感到迷茫和困惑，教育特别需要开启他们的心灵之门，廓清迷雾，为他们指出正确的人生航向，让他们懂得人应该怎么活、人生之路应该怎么走、人怎样才能度过最有意义的一生。学校组织的报告、讲座等活动，对此都有积极意义，但最直接、最根本、最实效的教育就是引导他们参加社会实践。2003 年至 2004 年，黑龙江大学文学院的 13 名学生在教师的指导下，参加了黑龙江省新四军研究会主持的《雄师出关——黑龙江省新四军老战士访谈录》的编撰工作，承担了三分之二的写作任务。在采访老战士的过程中，老战士为民族解放、共和国的建立英勇奋斗的战斗经历，深深地感染和教育了每一名学生，使他们的心灵受到一次洗礼，使他们的灵魂得到净化。他们说："过去我们对人生前途曾有困惑和迷茫，通过采访老战士，他们为人民抛头颅、洒热血的战斗经历强烈地震撼了我们的心灵，我们懂得了人应该怎么活、人生之路应该怎么走，要像老战士那样，为人民多做好事、多做实事，无怨无悔地奉献自己的青春和才华。这是我们校内的许多思想教育课和政治报告都难以达到的效果。"

打开智慧之窗，激发创造力。俗话说，实践出真知，实践出智慧，实践增长才干。大学生要提高创新能力，就必须参与社会实践，在实践中打开智慧之窗，在富于创造性的思维活动中收获智慧之果。这种实践活动越深入，学生的思维活动就越活跃，而活跃的思维必然提升学生的创新能力和水平。2006 年，黑龙江大学文学院承担了哈尔滨市总工会委托的采写哈尔滨市英模的写作任务，有 21 位学生参加，历时 1 年，写出 28 篇生动感人的人物通讯。任务完成得好，颇受好评。他们的文章不拘泥于一般地叙写英模的好人好事，而是采取新颖的视角，在表现英模爱岗敬业、无私奉献的高贵品质的同时，着意表现英模在改革开放伟大时代氛围熏陶下，努力学习形成的新理念、新思维、新境界。学生在叙写人物光辉事迹的同时，着意刻画人物的个性。因而，英模形象或诙谐幽默，或木讷寡言，或爽朗乐观，或坚韧顽强，都生动活泼、栩栩如生，仿佛就在我们身边。好文章本身就是一种创造，初涉文坛的青年学子能对人物通讯写作进行可贵的探索，应当赞许。万丈高楼平地起，经过勤奋努力，他们定会创作出有影响的优秀作品。

参与现实斗争，激发学习兴趣。俗话说，兴趣是最好的老师。屠呦呦等科学家之所以能淡泊名利，几十年如一日地从事研究工作，一个重要原因是他们对这门学科有浓厚的兴趣。要想提高大学生的学习质量，就要培养他们的学习兴趣，而社会实践就是培养学习兴趣的最佳途径。二十世纪八九十年代，黑龙江大学文学院的学生们参加哈尔滨市的电影评论活动，成为哈尔滨市电影评论的一支重要的生力军。他们利用业余时间进驻电影院进行与电影和观众相关的调查，在报刊上发表影评，与导演、演员对话，参加有关电影创作的大讨论，这些活动极大地激发了他们的写作热情和学习兴趣。有一次，三十多人看新片，回校写出 24 篇影评文章。有的学生在一两年内就发表二十多篇影评文章，有的学生还在《中国电影报》上发表文章，有的学生的影评被广电部主编的《大众影评长编》收入。浓烈的学习兴趣和写作热情促使他们不断有作品发表并小有名气，他们后来都成为文化部门和新闻单位的骨干。

练就过硬本领，接受社会的选择。现在大学生就业难，究其原因，除了人才供大于求这个矛盾之外，就是学生动手能力差、缺乏实践经验。有的理工科教师说，学生必须具有动手能力，给他一块钢，他要动手将其造出剪刀或其他刀具。这当然是对的，但还不够。现在是市场经济，大学生要接受市场经济的选择和考验，就是说，他们生产的剪刀要经久耐用、物美价廉，因此，大学生必须具有过硬的本领和能力。刀在石上磨，钢在火中炼，获取过硬的本领只能靠实践。参加编写《黑龙江省新四军老战士访谈录》的杨潇同学，一共写了6篇人物通讯。开始时，她十天半月也写不出一篇。在老师的指导下，她阅读优秀范文和写作书籍，刻苦写作。经过学习和训练，她的写作能力提高很快，后来，她用五六天即可完成一篇，且文笔娴熟，颇受好评。在写作实践中，她的练出了过硬的写作能力。参与本课题写作的13位同学，由于原来基础好，又有实践成果，毕业后，其中有3人考上研究生，2人被推荐为研究生，其他学生也都找到了自己比较满意的工作。

为创业创新打下良好基础。大众创业，万众创新，这是一个极其英明、极具号召力的口号。无疑大学生应成为它的主力军和先锋队，社会实践就是实现这一目标的良好途径。大学生在社会实践中经受了锻炼，开阔了视野，社会经验更丰富了，思维更活跃了，更具拼搏精神了，同时提高了调研能力、公关能力、运筹策划能力，为走向社会创业做了成功的尝试，打下了良好基础，相信他们定会取得出优异的业绩。

二、深刻而多元的启示

开展"真题"化实践教学，要做到"一个坚持，两个过硬，三个调动，五个结合"。"一个坚持"，就是坚持不懈地进行教学改革，千方百计地提高学生的实践能力和创新能力。"两个过硬"，要求教师必须有扎实的基础理论修养，具有过硬的运用理论解决实际问题的能力；还要有过硬的根据学生的个性特点因材施教的辅导能力。黑龙江大学文学院指导课题写作的教师，自身写作能力强，并有长期辅导学生写作的丰富经验，因而，指导学生写作得心应手，深受学生欢迎。"三个调动"：一是调动社会团体组织的积极性。黑龙江大学文学院请黑龙江省作家协会散文创作委员会和黑龙江省写作学会支持学生们的写作活动。他们积极性很高，明确提出要把培养文学新人引为己任，热情支持学生们的写作活动，并在其会刊《黑土文苑》上发表学生们的作品，使会刊成为青年作者的写作园地。二是调动兼职教师的积极性。文学院把具有丰富创作经验的作家聘为兼职教授，他们为学生们作讲座，指导学生们写作，编辑发表学生们的作品，做出了非常大的贡献。三是调动离退休教师的积极性。老教授们基础理论功底深厚，有丰富的教学经验和辅导经验，很受学生欢迎。"五个结合"：一是与社会需要相结合。旺盛的社会需要能够调动政府、社会团体组织和单位支持大学生社会实践的积极性，大学生的社会实践只有充满活力，才能有持久的生命力。为了纪念抗日战争胜利六十周年，黑龙江省新四军研究会编写了《黑龙江省新四军老战士访谈录》，他们非常欢迎学生们参与采访写作，并创造条件使学生们圆满地完成了写作任务，受到社会各界的好评。可见，社会需要对学生的实践具有十分重要的意义。二是与基础理论教学相结合。基础理论的教学一刻也不能放松，结合课题，教师要有针对性地引导学生学习基础理论，给他们讲课，指导他们阅读。古语说："学然后知不足"，这当然是对的，还应加上"用然后知不足"。"用"会使人对学习产生饥饿感，从而如饥如渴地学习；"用"又会使其尝到甜头，越用越爱学。社会实践的"用"，是平时的作业练习不可同日而语的。平时的练习是"纸上谈兵"，而现在是实战，为了发表，为了参与现实斗争，为了产生社会效应，学生会特别重视、特别认真，易于迸发创造力。而由钢笔字转化为铅字的喜悦和它的社会效应，又会刺激学生的写作欲望和学习热情，从而形成越写越爱学、越学越爱写、越写质量越高的良性循环，教学质量自然就得到提高。学生们一致反映，学用结合，提高很快，终身受益。三是与思想政治工作相结合。黑龙江文学院做思想政治工作的辅导员等也参与进来，有的放矢地解决学生的思想问题，因势利导地对学生进行教育，既保证了黑龙江大学课题任务顺利完成，又提高了学生的人文精神和道德素质。四是与学生的社团活动相结合。黑龙江文学院有文学社等多个社团组织，他们基础好，有兴趣，积极上进，是完成课题的生力军。而课题又为社团活动增添了新的项目，丰富了社团活动，为学生们大显身手提供了广阔的天地，使学生的社团活动更生动、更活泼，取得最佳的成效。五是与创业教育相结合。黑龙江大学的创业教育稳步前进，学生的社会实践与学校的创业教育相辅相成、协同发展。黑龙江大学文学院的社会实践得到校创业学院的支持和帮助。课题被列为校管学生科研项目，学校给予了支持和指导，成为师生完成课题任务的坚强后盾。

三、宽广开阔的教育教学改革之路

"真题"化实践教学效果如此之好，为什么在我国高校没有形成潮流？需要采取哪些政策和措施才能使其蓬勃开展从而取得更大的成绩呢？

提高认识，走出观念的误区。首先，要破除"基本理论一次完成"的偏颇观念。学术研究的实践证明，一个人的成就往往与其基本理论的水平成正比，基础理论越扎实，成就就越大。但基础理论的学习不是一次可以完成的，需要在反复实践中加深、加牢。许多教师和教育管理者怕影响基础理论学习而不敢开展实践活动，这是必须破除的。其次，要破除封闭的教学质量观。许多高校管理者满足于课堂教学和作业、实验的好成绩，这是一种封闭的、静态的教学质量观。不少高校毕业生在校期间学习成绩良好，但走向工作岗位却业绩平平，其中一个重要原因是他在校的学习成绩没有受到社会实践的检验。因此，高校管理者必须树立开放的、动态的质量观，"是骡子是马拉出来遛遛"，要敢于到实践中去检验教学质量。其次，在校大学生这个宝贵的人才资源被忽视了。大学生毕业走向社会后是重要的人才资源，要充分发挥他们的作用，这是没有疑义的。但在校大学生呢？他们也是宝贵的人才资源，能做许多好事，也能为建设和谐社会贡献自己的力量。例如文科大学生可以在地方政府指导下开展社会调查，为地方政府的重大决策服务，保证地方政府决策的科学性，还可以从事英模事迹的宣传及地方史志编写等活动；法律专业的大学生可以提供法律咨询和援助；经济专业大学生可以参与经贸活动；理工科大学生可以在教师指导下帮助解决工业生产和科技方面的一些问题；农林大学生可以上山下乡普及科学种田、科学养林的知识，推动农林事业的发展，等等。通过这些活动，大学生可以在受到教育的同时为社会做出应有的贡献。

加强对大学生社会实践的领导，建立由教育局牵头，由地方政府、高校、院系形成科学有效的运行机制。省市教育局要在地方政府的支持下，向政府有关部门和企事业单位、社会团体等征集项目和课题，高校和院系根据自身特点和能力承担课题和项目，省市教委有关部门进行督促、检查、协调和总结经验等工作，以便使大学生的社会实践越做越好。

建立大学生社会实践基金会。由教育局牵头，政府出一点，企业赞助一点，受益单位支持一点，为大学生实践活动筹集资金，保障活动的健康发展。

总之，必须提高认识，做好课改。20 世纪 70 年代高校开展的开门办学，尽管有理论教学不足的缺点，但与当今高校的社会实践相比，在获得社会支持这一点上，具有显著的优势，因此，国家教育委员会和有关部门发文，动员社会各部门、各单位支持高校的实践教学改革是必要的。大学生实践教学改革是一个多方协作、不断探索、不断积累、逐步提高、逐步完善、逐步深化的艰巨且伟大的育人工程，不是一朝一夕可以完成的，也不是单靠发文件就可以解决的教育教学改革问题，全体教育工作者应当振奋精神、努力奋斗、积极探索，不断奉献教育教学改革成果，推广教育教学改革经验，开创实践教学改革的新局面。

第六章　新理念下我国高校通识教育研究

第一节　我国高校通识教育的基本理论

所谓通识教育，是从英文词语（General Education）翻译而来的，除了译为通识教育，还可以译成文化素质教育或者普通教育。它是与专业教育（Professional Education）相对应的。两者在教育版图上形成一种互补关系：通识教育强调知识的广泛性、基础性，是涉及各种人文艺术、科学社会伦理规范的素质教育，是为受教育者能够有效参与人类群体性的社会生活，为人的全面发展铺垫知识、思想与理论基础，培养健全的心理素质而服务的；而专业教育则不同，它显然具有更多的专业性、技术性、工具性，它的目标是在一定社会现实分工框架下把人塑造成一个社会生产者，无论是物质生产者，还是精神文化生产者，特别是在现代多元化的社会中，为受教育者提供潜在的社会黏合剂，传授"通行于不同人群之间的知识和价值观"。

一、高校通识教育的理论探讨

通识教育，在西方可以追溯到古代西方的自由教育，古希腊时代的自由学科（Liberal Arts）关注理性思维与感性直觉之间的通融性与人格的完整性。在中国，通识教育可以追溯到中国古代的"六艺"教育，甚至在更远的《易经》中就有"君子以多识前言往行"之说，《中庸》说做学问要"博学之"，《淮南子》有"通智得而不劳"的言论，《论衡》载"博览古今者为通人"，通人即通才、全才的意思。可见，中西方文化都很关注人的完整性，无论是人格的完整性还是知识技能的相互通融性，这是人类历史延续下来的共同精神传统。

当今通识教育与专业教育的分化主要是近现代工业化导致教育细分的产物。牛顿时代的教育还是各种知识的综合传授，他将其主要的物理学贡献写成《自然哲学的数学原理》。斯宾诺莎试图用几何学原理的论证方式来论述伦理道德的科学性，这说明，那时的知识体系在人文与自然科学之间的分界并不明显，又怎么会有今天学科分类已经细化到三级的程度？ 19 世纪之后，西方的一些教育学家认识到现代大学的学术分科过于细化，知识之间的分割导致"人的全面发展"的观念受到严重破坏，因而提出了弥合这种教育分割现状的应对策略，这就是近代高等教育中的通识教育。1829 年，美国教授帕卡德（A.S.Parkard）首次在大学教育中提出通识教育模式，并受到普遍重视。而且随着社会分工、专业化分工的日益深入，人们更加感受到通识教育的重要性。哈佛大学 1945 年发表的报告《自由社会中的通识教育》宣称，通识教育主要培养学生的社会责任感与较高的公民素质。人们并未因为学科分类的细化而忽视学科之间的融合，以及内在的互通一致性与综合整体性，因为一切知识的出发地与落脚地、所面向的最终都是人类社会的现实世界。这个本体是唯一的，是一个整体性的基础，无论什么门类的知识与技能都离不开它。知识的合法性与存在意义都是由生活世界所赋予的，最终也都要回到生活世界获得价值验证，获得是否继续发展的存在判据。著名的麻省理工学院（MIT）从学校名称看像是一个侧重专业教育的理工类大学，但事实上，麻省理工学院非常重视通识教育，其人文社科的教育与研究水平也相当高，通过文理并重的教育，培养了一批又一批优秀的综合性人才与社会精英；哈佛大学更不用说，其著名的通识教育课——桑德尔的伦理学公开课"公平与正义"风靡全球。

在我国高校的通识教育，各校有不同的称呼，有的叫博雅教育，有的叫通才教育，有的直接叫素质教育。我国当前高校发展通识教育从 1995 年开始算起已二十年多了，但迄今对通识教育还没有形成一致的认知和教育规范，还没有在理论上形成成熟的教育规范，这直接影响通识教育理念的贯彻与相应教学实践的落实，还有比较强的专业教育的痕迹。通识教育与专业化教育看起来的本质差别很大，两者对教育的目的与意义都有不同的认知与理解；或者说，两者的不同是教育理论的根本不同，是教育的方向性问题。正因为此，我们有必要首先就高校通识教育的理论进行探讨，把一些观念性的问题进行澄清。

对比美国通识教育，在美国高校的通识教育的相关理论中，美国 20 世纪初兴起的进步主义教育、以杜威为代表的实用主义思想对教育理论的改造起到了重要的作用。其代表性的口号是"做中学"，以学生为中心，保持教育与社会现实需要和时代发展之间的密切联系。以杜威实用主义教育思想是基于人与自然、人与社会之间的互动性关系，倡导面向实践、以变化发展的眼光看待大学教育的任务和目标，进而实施灵活多样、以学生和社会需求为导向的通识教育。我国教育学界对于高校通识教育的理论直到近些年来才有比较深入的探讨，提出了思想政治教育论、文化素质教育论和通才教育论等理论主张。其中，思想政治教育论带有较强的中国特色，是马克思主义中国化在高校教育发展中的一种现实成果。思想政治教育课是每个大学生都必修的公共课（"两课"），是教育学生掌握并运用马克思主义思想和方法，树立正确的世界观、人生观、价值观的理论基础。而且，马克思、恩格斯创立的历史唯物主义在哲学、社会科学等诸多方面都具有基础性的指导和理论意义，"它有助于学生形成和确立唯物主义世界观、人生观和价值观，帮助他们在以后的工作和学习中以唯物史观的态度和方法来看待分析社会生活和人生的诸多问题；有助于培养大学生的健康人格，促进大学生和谐全面发展"。①

文化素质教育论强调大学生人文教育的重要性，这也是1995年原国家教委提出的有关通识教育的基本理念。因为，过细的专业划分将使学生的知识结构在面对快速变化时暴露出局限性，文理分科也已不合时宜地让人文与科学产生鸿沟，导致理工科学生缺乏人文素养，而人文社科类学生则缺乏基本的科学常识，这些都非常不利于培养大学生健全的人格、完备的兼具科学与人文精神的知识结构。华中科技大学原校长杨叔子院士认为，高校文化素质教育要在大学生教育中实现科学、人文、艺术的大融合。文化素质教育内容包括文史哲、艺术与现代中外文化精品、自然科学基本知识等。最近几年来更受欢迎的通才教育论直接针对以往过于细化的专业分设，主张从高考到大学入学都改变以往的过早分类，如目前北京大学的元培计划实验班、南京大学的匡亚明学院、中山大学的博雅学院等。我国高校2017年按照大学科门类招生就是这种理论主张改革的结果，大一新生入学后先都按大类培养，不进行明确的专业分化，相应的课程设置也较为宽泛；经过一段时间的基础课程学习之后，根据学生志愿、学习情况、高考成绩等具体确认专业，学生再进入专业领域的学习。在高校通才教育论看来，高校就是把学生培养成德、智、体、美、劳全面发展的人才的地方。

通识教育也是"大学精神"——民主、科学、真理、正义、自由、宽容——的课程实现方式，是现代教育理念中国化的实践过程。我国高校教育既需要有中国特色，又要全面改革开放面向世界，而通识教育可在相当程度上整合多样性的现代教育理念和模式，赋予中国传统文化以新的内涵，既体现出新时代的特征，又保持传统中国传统文化的民族特性，把现代文明与中国传统文化有效结合起来。

二、我国高校通识教育的教学实践现状与分析

理想的通识教育应该是对所有十二大门类的基础性普及，让每个人在十二大类中都可以具有一定的入门水平，然后进行专业训练。可是，按照现在的教育模式，小学、初中已经对所有这十二大门类都有了最基础性的知识的入门和了解。在大学阶段，这些知

---

① 王柏文，李红.唯物史观:高校哲学通识教育中的重要理论[J].吉林师范大学学报(人文社会科学版)》2007(5):13-16.

识不能像专业知识在质与量两个方面的增长速度都得到相应的提升，更多地是侧重专业知识与技能训练。

中华人民共和国成立之后，由于历史的原因，我国高校仿效苏联，在相当长一段时间里侧重"专业化"而非"通识精神"。近些年来，我国高校通识教育有了较大发展，在课程数量、种类、教育质量方面都有所提高。但是，整体来说情况不是很乐观。通识教育在全国高校范围内存在不平衡的现象。可以说，我国代表性的高校都认识到通识教育的重要价值，也在积极尝试通识教育的改革，然而在本科以下高校里，情况则较为复杂。不同的学校差别很大，不同类别的学校也有很大的不同。例如，少数体育院校培养方案中凸显通识课程，课程类别的遴选和课程结构有待进一步完善，课程总学分和课程门数校际间差异不明显，学生对通识课程学分安排、课程门类以及通识课程任课教师的满意度不高。

我国高校通识教育还不够理想的主要原因在主要有：

第一，课程设置还没有达到合理的状况。我国高校通识教育主要是通过相关课程设置与执行来实现的。北京大学的元培学院设置公共课程通识选修课程；清华大学的通识课是共同核心课程文化素质核心课程；浙江大学的求是学院按学科分类组成不同的课程组供学生选修；复旦大学的复旦学院分设国家课程、大学课程、综合课程、核心课程；南京大学的匡亚明学院的课程分为必修文理平台课程、模块课程、专业核心课程与选修课程。这些高校的课程设置打破了原有专业课的局限，反映了通识教育的基本精神。但是，由于仍处于探索阶段，还没有形成稳定的教学模式，即使是课程设置也没有显著的变化。例如，自2006年起实施的复旦通识教育核心课程体系，在实施10年后进行了较大幅度地调整，对180门通识教育核心课程重新规划，重新调整，在原有文史经典与文化传承、哲学智慧与批判性思维、文明对话与世界视野、科技发展与科学精神、生态环境与生命关怀、艺术创作与审美体验等6个模块基础上增设社会研究与当代中国模块，共有五十多个基本课程单元，并打破原有自然科学、工程科学、人文、社会科学等大科目界限。复旦大学通识核心课程委员会主任孙向晨教授说："有些课虽然从学科研究的角度来说很重要，但过于专业，并不能使学生由点带面来理解传统文化的内涵……只是某个学科的简史或简介，缺乏对于学科内在规律的理解。"又如，北京大学陈向明教授在对北京大学通识教育进行抽样调查发现，专业课中通史、概论课偏多，流于形式的通识课中大多是知识记忆性质的肤浅知识，而没有深刻思想、方法、学识的内容，教学效果适得其反，学生课业负担加重，只能通过机械性背诵来过关。

第二，教师队伍建设、教学方法与教学管理也很重要。当前高校的教师在其受教育的时期大多接受的是专业教育，现在要求他们去进行通识课程的教学，对他们来说是一个挑战。他们即便能够在观念上接受通识教育的精神，但在具体教学实践中，还是缺乏经验，甚至其自身的基础理论也不够扎实充分，而且这种情况还比较普遍。教师队伍的梯度结构也还远没有形成，与专业课程相比，通识课程起步晚、经验不足、成熟教案教法不多。这种状况容易造成教学实践上的问题与错误，尤其教师队伍本身的通识教育缺乏，基础薄弱，因而在教学实践上难以把握分寸，可能难以正确且恰当地处理通识教育与专业教育之间的关系，难以做到两者之间相互融合、相互促进。当前大多数通识教育课都是由单一教师授课，缺乏协同教学的方法，容易造成学生的"课堂疲劳"，教学实效性下降。当然还有教学管理问题，通识教育课本来就比较难上，许多学校又没有相应的激励机制，教学投入又不足，而且当前各种政策管理存在片面性问题，高校即便有好的想法，但要付诸实践也困难重重。例如，让学生切身做一些实践性活动，可能受制于财务报销的规范、外出安全规定。笔者在进行通识基础课教学中就曾遭遇到这样的问题，最后只好兴叹作罢。

第三，当然从长远来看，最重要的可能还是观念上的问题。最有持久性影响的因素是人们的通识精神对于通识教育的观念与共识还未形成。当前，我国高校对通识教育的思想认识还不充分，不够明确，也不深入；重理轻文的观念在学生家长、教师中还有残存，影响着当前的高等教育。有人认为，通识教育就是多增加一些"没有实用性"的课程，是虚的花架子；有的人即便了解到其重要性，也不在教育实践中采取行之有效的措施；有的人即便采取了措施，但由于实际教学效果的不佳也逐渐丧失信心；还有的人基于对传统文化的片面理解，认为通识教育就是增加传统"国学"之类的科目，甚至用汉服唐装来替代现代衣饰，好像通过这样的简单替换仪式就可以弥补现代学科分化、专业分工带来的社会弊端。在社会上，学生家长还普遍存在着功利主义，如毕业找到好工作的短视性愿望。总之，很多人对"大学精神"的理解还是片面的。大学要培养富有想象力、创造力的人。英国哲学家、数学家怀特海说："大学存在的理由在于，它联合青年人和老年人共同对学问进行富有想象的研究，以保持知识和火热的生活之间的联系。大学传授知识，但它是富有想象力的传授知识。至少，这是大学对社会应履行的职责。一所大学若做不到这一点，它就没有理由存在下去。"[①]

三、我国高校通识教育的改进探索

美国高校通识教育的教学实践值经验较为丰富。麻省理工学院通识教育经过近三十

---

① 怀特海.想象力：大学存在的理由，转引自夏中义.大学人文读本人：人与自我 [M].桂林：广西师范大学出版社，2002：5

年发展早已形成成熟的模式，杰罗姆·威斯纳校长早在 1977 年就曾自豪地说："麻省理工学院的人文和艺术教学有了长足的进步，使学生在价值观念、历史视野和认知风格方面都有了很大的提高，实现了真正的通识教育。"其通识教育实现了如下四点：一是提供一种从定性和定量上分析知识和创造知识的能力及认识概念的能力；二是提高自我更新知识的能力，使学生能继续学习和解决新的问题；三是鼓励和帮助提供一种个人的、社会的和文化上的广阔教育，使学生更好地联系并理解他们的社会、他们的世界和他们的过去；四是提供一个基础，保证他们能够得到自身的完善和实现个人的最高价值。这对探索我国高校通识教育的改进措施大有助益。

（一）教育观念的改革

首先，通识教育既要有现实感，又要有历史意识，并遵循时代性要求。虽然当下我国高校提倡通识教育是因为曾经的高等教育过度关注专业化导致知识与人完整人格培养出现片面性弊端，但是，我们并不能以今天的社会发展需要否定中华人民共和国成立之后一段时间内"培养专业化人才"的高等教育宗旨。随着我国经济社会的发展，人们逐渐认识到高等教育发展的时代性问题。例如，20 世纪 80 年代文化热的形成就是由于我国经济社会发展到一定阶段对人的思想观念、精神层面提出更高要求的一种发展结果。在其影响下，我国高等教育提出了"通才教育、文理渗透"的主张。简言之，一个时代有一个时代的主题，有一个时代的历史使命。

其次，通识教育要坚持理论与实践相结合。复旦大学的通识教育在国内是比较早开始进行的，是比较有经验的。经过多次调整，所有课程都不是单纯的"枯燥"的理论讲解，而是关注理论与实践的结合，关注具体问题具体分析的方法论导向。复旦大学物理系教授金晓峰讲授通识课"人文的物理学"，就特别强，"因为所有的批判性思维、所有的质疑能力、独立思考的能力等一切的能力，都是要有场景训练的"。这门没有教材并且通篇没有一个物理公式的物理课，从起源于古希腊文的科学一词一直谈到 20 世纪的相对论和量子物理学。科学与文学、艺术、历史一样，都是大师的杰作，并一同构成广义上真正的人文学科。通过这一门课程的学习，学生既能够认识科学的作用和局限性，也不会为当前颇具争议的"科学主义"感到困惑。这才是真正的理论联系实践，贯通人文与自然科学的通识教育。

最后，我国高校要有世界视野。通识教育已成为世界各国高校普遍接受的教学方式，我国高校要参加国际交流，要使通识教育融入中国高等教育的基础概念中，从而丰富和发展我国高校的教育思想和教育方法。哲学社会科学是通识教育重要的组成部分，可以说，我国高校的通识教育课承担着提升我国未来综合国力、实现我国软实力崛起的时代重任。

（二）教学措施的改革

我国当前大多数高校没有设置专门的通识教育机构，相关的通识教育大多是由基础教育部、人文学院、马克思主义学院等独立的二级机构来承担。例如，海南师范大学与"教育"沾边的二级机构倒不少，有初等教育学院、继续教育学院、教育学院、教育科学研究院，但就是没有独立的、专门的通识教育部门，相关的通识教育课程主要是由马克思主义学院的部分老师来承担；学校投入的经费相当有限，大多还是从那四门马克思主义基础教育课程中拨出。高校的学科教学应对哲学社会科学的教育重视起来了，要在所有通识课程上下力气；在成立专门的教育机构之前，至少要做到制度性安排，从校级领导开始重视，组成专门的通识教育委员会，把文学院、教育学院等其他相关学院的师资队伍以及相关行政教辅单位的力量组织起来，统一通识教育认识，制定科学且行之有效的通识教育机制。

而且，通识课程设置要合理，兼顾灵活性与持续性，适时调整课程结构。单从课程设置上来说，我国的高等教育还是比较丰富多样的，甚至显得有些庞杂。例如，浙江大学目前的通识教育课程约有 400 门，复旦大学通识教育必修课占比超过 65%，而且许多高校的通识必修课主要是思政品德。目前，美国高校的通识教育课程一般分自然科学、社会科学、人文艺术、历史地理这 4 个方向，以及通识教育、专业课程、选修课程等 3 个模块。而我国高校通识课主要是全校必修通识课、文化素质选修课两类，自 1990 年代以来，前者所占比重有所增加，达到大学课程总量的 1/3 左右。虽然大部分课程在满足时代发展需要方面保持了灵活性，但某些课程却是持续性有余而灵活性不足。随着最近几年来信息技术和"互联网 +"对教育的快速提升和发展促进，大型开放式网络课程（MOOC）、网上教育、微格教学等，都对高校通识教育的课程设置提出了挑战。通识教育必须在课程设置上给予回应，如适当放宽选修课的比例，保持跟随时代发展的灵活性，才能展开整个通识教育的改革。

当然，教学方式的多样化、加强实效性、培养和激发学生兴趣也很重要。通识教育需要有高水平的教师队伍，最好是所有的知名教授都进行某种程度的通识教育参与，其根本原因就在于这些经验丰富的、知识宽广、学识渊博的教师通常能够有针对性地把握课堂教学，通过多样化模式在有限的时间里最大限度地获得教学实效，从而通过有实效性的教学，把通识教育的思想渗透到教学课程当中去，这是与专业教育形成鲜明对比的独特之处。美国知名大学如哈佛大学、麻省理工学院的通识教育课程设置、大型开放式网络课程（MOOC）等公开课，开设研讨班的方式，都大大提高了教学效率，加强了教师与学生之间的互动合作，从而达到培养学生基础知识与素质的目的。这样的课程不仅教育了学生，而且对教师来说也可能是一种难忘的教学实践的享受，教师在传授知识的同时很可能启发了自己的学术思考，对人与社会的思考更有洞察力与智慧，真正做到传授通识教育的核心价值与精神。

第二节　高校通识教育教学模式

一、世界经济概论课程通识教育模式创新的必要性

"世界经济概论"作为一门综合经济学课程，是国际经济与贸易专业本科生的专业选修、研究生的专业必修课程，涉及面比较广，不仅要研究各国的国别经济、探讨当代世界经济发展变化的规律和国际经济的传导机制，还要研究现代国际经济关系以及影响国际经济关系运行的动因、周期和机制等一系列问题。这些内容所涉及的理论都非常丰富，所涉及的相关问题也错综复杂，不仅涉及经济学领域，还涉及政治、文化、历史和社会学领域，需要学生能够运用综合知识深入地探讨。同时，随着时代的发展，"世界经济概论"的教学内容也随之不断丰富。

通识教育是一种广泛的、非专业性的、非功利性的基本知识、技能和态度的教育，是一种人才培养的模式，其目标是培养"完整的人"，即具备远大目光、通融识见、博雅精神和优美情感的人。随着国际经济的发展，社会对于经管类人才培养提出了更高的要求。如何通过课堂教学模式的创新，向学生展示世界经济的整体脉络和走向，客观且辩证地透视国际经济关系及其运行机制，培养学生独立分析、思考世界经济运行中普遍存在的问题，全面提升、完善学生的知识结构和综合素质，将在教学过程中变得极为重要。基于此，高校应以在专业教学实践中有效实现通识教育为导向，结合高校世界经济概论课程教学现状，对其课程体系与教学内容的相关情况进行调研，调查国际经济与贸易专业学生对世界经济概论课程教学的一些感受和看法，进一步完善该课程的教学模式、教学方法、教学内容，提高教学管理水平。

二、东北财经大学世界经济概论教学调查结果分析

鉴于世界经济概论课程的重要地位，结合其自身特点和教学现状以及东北财经大学世界经济专业建设的发展阶段，为更好地推进课程的精品化建设，全面了解教学中存在

的问题，课题组于 2013 年 5 月至 7 月展开相关调查。本次调查样本具有代表性，以东北财经大学 2012 级国际经济贸易学院研究生为调查对象，涉及国际经济与贸易、世界经济两个专业。调查问卷内容共涉及 12 个问题，重点关注学生在专业课学习、知识体系、分析问题、解决问题和创新能力等方面存在的局限性，反馈教师在教学过程中在教学手段、教学方法、教学效果等方面存在的问题。为了使数据真实有效，问卷采用匿名填写的方式，共发放调查问卷 70 份，收回有效问卷 61 份，回收率为 87%。

（一）满意度分析

1. 课程设置满意度情况

课程设置满意度调查包括对课程总体的满意度、对教学内容的评价、对授课教师的评价。对课程总体的满意度调查显示，在回收的 61 份调查问卷中，有 52 名学生对世界经济概论课程表示满意或非常满意，占学生总数的 85.2%，可见学生对课程总体的满意度很高。在课程设置内容方面，39 名学生认为课程内容能够抓住当代世界经济格局、紧贴时代，有 2 名学生认为课程教授的理念和内容比当今主流研究更为超前，但也有 20 名学生认为课堂呈现的内容有些过时，跟不上时代发展的潮流。由此可见，在课程设置方面，教学的内容和主题需要进一步完善。对授课教师的调查结果显示，有 27 名学生对教师总体教学质量的评价是"优秀"，占学生总数的 44.3%；有 25 名学生给出的评价是"良好"，占学生总数的 41%。在访谈中得知，绝大多数学生都对任课教师的素质表示赞赏，并希望得到教师更多的指导，可见教师的个人素质获得了学生的广泛认可。

2. 学生对课程的参与程度

学生对于课程的参与程度往往是一门课程教学效果的重要量度。对于学生课程参与程度的调查包括两部分，第一部分是对学生课堂出勤率的调查。调查显示，61 名学生中有 40 名学生一学期的世界经济概论课程从未缺勤过，有 19 名学生缺勤过 1 ~ 2 次，缺勤 3 次以上（包括 3 次）的学生只有 2 名，说明从整体上看，学生出勤率较高，课程内容足够吸引人。第二部分是对学生参与课程方式的调查。调查结果显示，学生间通过小组讨论等合作方式完成课程题目频率均数介于 1.5 ~ 2.0 之间，其频度接近于"有时"，说明课程学习方式比较理想，但是距离频度"经常"还有不小的差距，说明传统授课方式仍支配着课堂教学模式，学生在课堂的主体地位仍有待提高。

（二）通识教学模式影响效果及反馈意见分析

1. 课程对学生知识储备和人文底蕴的影响

相对于专业教育，通识教育模式更加强调对学生多层次、全方面、非功利性的培养，世界经济概论采用通识教育模式的目的是在专业学习中挖掘各种培养方式，以提高学生的创新能力和操作能力，从而在专业实践中有效实现通识教育。对通识教育模式实际效果的调查结果也体现了这一点，有39名学生认为，世界经济概论课程符合时代要求，能够拓宽知识面并且开拓国际视野和意识；有11名学生表示课程学习使得专业技能得到了强化，对于未来的就业更有竞争力，分别占调查总人数的64%和18%；另外一项调查显示，有超过75%的学生认为世界经济概论课程对于他们的知识储备和人文底蕴提升起到了较大的作用。

2. 学生对于通识教育的理解和自身观念

要使通识教育课程对学生产生更深远的影响，就必须深刻把握当今学生对于自身的定位和对于教育的理解。从调查结果来看，25%的学生表示对通识教育"没有一点认识"；表示"稍微知道"的学生占75%，他们的认识就是通识教育是"除专业课外的增加知识的课程"，其中还有4%的学生认为通识教育课就是全校公共必修课，而几乎没有一个学生真正理解通识教育的意义。在关于学生自身观念的调查中，认为"社会最需要通才"和"社会最需要专才"的学生各占30%和70%。而在"你个人现在最需要提升什么方面能力"的问题上，比例最高的选项是"专业水平"和"眼光视野"，分别占42.6%和24.6%。可见在研究生阶段，专业教育模式依然深入人心，对课程知识的学习和对专业技术的掌握是学生自身培养的中心目标。另外，通过对学校组织的其他形式通识教育的参与度调查发现，学生的积极性并不是很高，有超过50%的学生选择选修课只是为了单纯修满学分；在学校和研究生院组织的各种类型讲座和论坛活动中，接近60%的学生一学期中只是自愿参与过1~2次。由此可见，"重专业技术，轻人文素养"的理念在当今校园根深蒂固，"重专业培养，轻人性教养"的做法始终存在，学校和教师必须积极鼓励和引导学生在学习专业技术的同时注重培养思维方式和人文精神。

3. 有关世界经济概论课程的意见反馈

调查的最后栏目侧重于学生对于世界经济概论课程的反馈意见。在教学方式方面，有25名学生希望课堂教学可以多以小组讨论的形式进行，另外有25名学生建议教师讲授、课堂讨论、学生报告等多种方式并存，各占被调查总人数的41%。可见越来越多的学生希望成为课堂的主体，在实践操作中获得感性的认识及真实的体验。此外对于课程其他方面的改进意见中，有60%的学生认为课程体系应该进一步优化，以拓展广度和宽度，教学方式、教师水平、评价方式也都成为学生关注的重点。

三、优化和推进通识教育创新的建议

从本次调查结果可以看出，目前通识教育的主要问题存在于学生认识、课程内容设置方面。从学生认识角度来看，大多数学生对于通识教育的认识还十分模糊，专业教育意识仍然占据主导地位；从课程设置角度来看，教学内容的深度、广度仍有待提高，课程设置的合理性也有待提高。基于上述问题，可以从以下几方面推进和优化通识教育的创新：

（一）转变观念，深化对大学通识教育理念的认识

根据通识教育的理念，大学教育应给予学生全面的教育和训练，通识教育既体现在专业教育，也体现在非专业教育中。世界经济概论虽然以研究国际经济问题为核心，但是需要有政治、文化、社会、历史等相关学科的知识作辅助才能将问题分析得明白、透彻。无论是本科生还是研究生都存在一个共同的问题，就是学生知识面狭窄，仅限于专业知识的运用，而综合运用经济、政治、文化和社会等跨学科知识分析、解决问题的能力不强。换言之，就是学生由于知识结构存在短板，从而在专业学习中可能在知识、思维和方法方面存在一些局限。这反映了高校教学过程中通识教育的匮乏。通识教育和专业教育的有机结合还需要进一步强化。高校应大力加强通识教育的宣传工作，进一步深化师生对大学通识教育的理解，使全体师生转变观念，充分认识到通识教育是对过去高度专业化人才培养模式的纠正和改进，在全体师生思想观念达成共识的基础上，加大对通识教育的投入，推动通识教育改革深入发展。

（二）改善教学方式，努力提升通识教育质量

首先，优化设计通识课程的授课内容。区别于专业课程，通识课程更注重知识的广博，既要讲到"点"，更要覆盖"面"。在教学目标上，它与专业课程也有很大不同，两者需要达到的教学效果不同。考虑到课程性质的差异，课程内容需经过精心筛选、设计，以提高通识教育课程的质量，达到预期目标。其次，优化整合通识教育的课程形式。通识课程具有广博性，可以针对不同应用型人才的培养目标选择不同的教材，进行不同的课时分配。通识教育的课程设计应注意与其他相关课程教学的衔接，突出教学内容的基本知识与重点、难点。教学形式提倡多样性，可采取讲座、论坛等形式。总之，高校应分门别类统筹通识教育的教学时间与教学方式，使教学效果达到优化。

（三）加强通识教育师资队伍建设

高素质的师资队伍是通识教育课程质量的保证，因此高校应该加强通识教育师资队伍的建设。首先，引入合适的通识课程师资力量。通识课程贵在"通"，因此，高校应该选择既有丰富教学经验、视野开阔、有教学热情、深谙教学技巧的资深教师开设通识教育课程。其次，建设通识课程教师的合理梯队，确保通识教育的持续开展。高校一方面要倡导知名学者和教授上通识课程；另一方面也要鼓励优秀的年轻教师开设通识课程，

并通过教学观摩等形式，畅通教师学习通道，形成专家学者与青年教师相互交流、相互促进的良好梯队。

另外，高校应把通识教育教师的素质提高作为通识课程师资队伍建设的重点。一方面安排通识教育专家给不同学科领域的通识课程教师开设讲座，帮助教师提高其通识课程教育的学科观念，寻找个人能力和特点与通识教育的契合点；另一方面鼓励通识教育教师积极参加相关学术研讨会，不断增强其通识意识，提高其教学技巧和教学水平。

（四）创新通识教育教学模式

随着学生在学术研究中的自主性不断增强，高等院校中的教育教学模式应从传统的"填鸭式教育"转变成"以学生为中心"的课堂教学方式。笔者在这里提倡以下三种教学模式：第一种教学模式是"课研组"的教师合作教学模式。即将不同学科背景的教师组建起来，通过教师之间的沟通、组织，使传授给学生的知识更具有综合性。教师间合作可以实现教学经验互补与资源共享，使个人的认知结构得以改善。科研组各教师的融合程度越高，课堂教学效果将会越好。高校也可以有效运用激励机制去促成"课研组"的生成与发展。第二种教学模式是"平行教学"与"交替教学"的课堂协作模式。即教师基于不同的学科背景，以一门课两个或多个教师的方式参与课堂教学的知识呈现模式。这种教育模式如果能和第一种模式相结合，则可以弥补"科研组"模式中可能出现的教师知识融合不足的情况，发挥优势互补作用。第三种教育模式是教师基于网络的自主学习型教学模式。即教师通过当代社会的众多资源不断筛选、吸收知识，提高知识储备量。教师通过课堂内外的团队合作与自身的学习，将"课研组"模式和"平行教学""交替教学"相结合，再进一步融合个人的学识和努力，最终践行教师个人、团队、课堂、学生的通识教育，促进通识教育的创新和发展。

第三节　高校通识教育课程教学

高校通识教育是相对于专业教育而言的，是以"一般教育"为理念，并由此形成相对学科专业来说，与人生、社会、生态等联系更宽泛的教育模式、课程体系和教学方式。作为高等教育的重要组成部分，通识教育就其内容而言是"一种广泛的、非专业性的、非功利性的基本知识、技能和态度的教育"，因此具有普遍性、共同性、基础性、广博性等特征。现代高校注重专业教育，以培养各学科的专门人才，但是如果片面地开展专业教育而忽视通识教育，则可能制约人的个性自由和全面发展。借助通识教育的理念与思路，打破专业间的壁垒，使学生重视对自然科学、社会科学、人文科学等不同领域知识的学习与整合，以培养视野开阔、见识通达、人格健全的具有创新精神的复合型人才，这是我国高等教育教学改革的重要内容。

21世纪初，鉴于"专业化教育"给高校在人才培养方面带来的短视与狭隘，我国部分高校开始探索与实践通识教育。但"出于谨慎"抑或是"理解上的偏差"，高校在具体实施过程中将通识教育等同于"精英教育"，通识课程仅面向部分学生开放，这种情况一直到2007年以后才得到改变。近年来，随着对通识教育内涵的深入理解，高校在发展专业教育的同时更加关注通识核心课程建设，而且越来越注重通识课程的教学改革，以提高通识教育培养质量。目前，许多本科高校在专业教育中融入通识教育，实施"通识教育基础上的专业教育"培养模式，即将通识教育课程外延扩大至公共必修课领域，并与通识教育选修课一并设计构建，通过夯实基础、拓宽视野、提高素养等培养高素质创新人才。

实施通识教育，提升学生综合素质，已经成为各高校的共识。但是，在实践层面，通识教育面临诸多问题。例如，从外部环境来看，社会对高等教育的期望值越来越高，狭隘功利主义的追求、就业和职业目标的追逐，导致通识教育社会认同度不高；从大学内部看，"通识教育理念似乎得到普遍的肯定，但一到具体实施，就会受到种种质疑，甚至遭到抵制和排斥"。[①]

诸多问题集中反映在通识教育的课程设置与教学效果方面。如何从人才培养方案、课程设置、教学时数、教学活动、教学条件等各方面规划和落实通识教育，成为学界普遍关注的话题。本节拟从诠释通识教育有效教学的内涵与特征入手，分析通识教育面临的困境，探究可行的解决路径。

一、通识教育有效教学的内涵与特征

有效教学是指"在教学活动中，教师遵循教学活动的客观规律，用最少的时间、最少的精力投入，取得尽可能多的教学效果，从而实现特定的教学目标，满足社会和个人的教育价值需求"。[②] 高校的有效教学本质是教师在正确教育理论指导下，用科学的教学方法或策略将科学知识创造性地传授给具有一定知识基础和发展潜力的学生，培养他们的能力，激发他们的创造性，使他们成为高级专门人才的过程。有效教学是相对于"负效""无效""低效"教学产生的概念。在通识教育中，教学活动的"无效""低效"情

---

① 中国高等教育学会组.高等教育改革发展专题观察报告2015[Z].北京:北京理工大学出版社,2016: 26.

② 韩仁生，苗军芙，李传银，等.教育心理学[M].济南：山东人民出版社，2013：294.

况还比较普遍，因此准确把握通识教育有效教学的内涵与特征，是研究提高通识教育质量路径与方法的逻辑起点。

有效教学的"有效性"可以从教学目标、教学行为、学生发展等不同角度进行界定，仅从单一的角度来界定有效教学，不够全面客观，也不够科学合理。因此，有学者提出"有效果、有效用、有效率是有效教学的三大核心内容"。①据此，通识课程有效教学是指教师在先进的教学理念下，通过教与学的互动过程，使学生在智能、情感和社会化方面获得进步与发展，其内涵可以从通识课程的教学效果、教学效用、教学效率等视角进行理解。

通识课程教学效果的观测依据是学生的学业成绩、智能变化和学习态度，教学有效性不仅体现在学生学业成绩的取得以及教学过程中知识与能力的提升，而且体现在学生在态度、情感和品质方面存在的向上的积极变化。通识课程教学效用是指教学过程中学生学到的内容对于自身成长的意义，学习的成果既能提升学生的能力素质，还能培养学生健康的心理和健全的人格。通识课程教学效率是指以较少教学投入产生最大的教学成果，体现在课程教学方法与过程的科学、简洁、省时，在既定的课程学时安排与教学资源投入的前提下，最大限度地实现通识教育的价值。

通识课程有效教学有其基本特征：一是课程学习的自主性，在教学中不允许以教师的活动代替学生的活动，真正把课堂自主学习的权利还给学生，给学生思考的机会，把本属于学生的读、写、思、研还给学生，从而把学生的自主学习和教师的指导帮助在教学过程中有机和谐地统一起来，提高通识教学的有效性。二是课程内容的跨学科交叉性，通识课不仅仅是对交叉门类知识的普及与传播，更是在学生掌握交叉学科知识积累的基础上，助力学生的未来创新性发展，交叉内隐知识能否外化为实践是检验通识课程教学成效的关键。可见，通识课教学改革要注重提高学生个体的积极性和能动性，要关注个体能否创造性地应用综合知识于实践，因此，提高课堂教学的有效性理应成为通识课课堂教学改革的重点方向。

二、通识教育课程教学中出现的问题

（一）对通识课程教学的认识程度不够

我国内地高校对通识课程还未达到应有的认识度，虽然已经逐步开展通识课程，但对其重视程度较低，无法达到开设课程的教育目的。受到以往教育模式的限制，部分高校对通识课程依然持以可有可无的态度，对通识课程的内容认识不够，无法正确掌握其

---

① 文雪，林叶舒，慕容勋. 有效教学论要 [M].南京：南京大学出版社，2017：3.

教学目标，在实施过程中对学生多采取放任态度。传统的教育模式让许多高校管理层的认知始终停留在原始的教育模式，这种观念导致部分高校对通识课程虽然开设科目多，但是对其重视程度低，尽量将其进行压缩简单化，从而导致通识课程有形无质，无法起到应有的作用。

（二）通识课程教学机构与体制不健全

无论何种教学课程都需要具备一定的教学设施、管理体制与组织机构，才能保证教学的正常进行。通识课程虽然已经逐渐步入正轨，但对于部分高校来说，通识课程的机构与体制等方面尚未健全，并未达到规范化与科学化的标准。教学设施方面的主要问题是硬件设施与资金投入，一些高校根本没有建立真正的通识课程教研室，教学资料匮乏，硬件设施也较为滞后，无法给学生提供足够的教学条件。资金投入不足在很大程度上阻碍了通识教育的发展。没有专项经费的支持，通识教育无法置办所需教材，各种活动也无法顺利开展，致使通识课程发展严重滞后。由于通识课程被予以各种轻忽态度，其教学管理方面也甚为松散，评价体系不科学、课程设置不合理、教学氛围不严谨。

（三）通识课程建设问题

我国部分高校在通识课程的安排方面存在诸多问题，如内容、课时、监管等。通识课程内容的选择没有经过精心策划组织，多是注重对宏观课程的建设，构造一个大体框架，内容却不饱满，无法满足学生所需。高校的教学重心多是放在专业课程上，课时安排均以专业课为主，通识课程往往一星期一次或两星期一次，远远达不到课程学习的时间要求，也就无法完成通识课程最终的教学目标。对通识课程的监管工作，多数高校并未像对待正常课程一样持以认真、严谨的态度，主要原因是通识课程多安排在周末或非正常教学时段，加大了高校对通识课程的监管难度，一些高校在这方面形同虚设。此外，高校对通识课程的重视程度不够，并未建立专门的评价系统，通识课程在进行评价时只是作为附属与其他课程一同进行评价，效果非常不明显。

（四）通识课程师资力量薄弱

通识课程在我国高校中的发展尚未成熟，在师资方面也没有达到标准。多数高校在选择通识课程教师时都具有一种随意性，没有真正去挑选能够胜任的教师。通识课程与专业课程相比，大部分人会产生一种错误的认识，即专业课程要比通识课程更难、要求更高，事实上这种想法是不正确的。通识课程虽然在专业知识上没有专业课精深，但通识课程的要求却比专业课更高，它不仅要求教师要有教授通识课程专业方面的知识，还要具备广泛的知识面，懂得使用多种方式来分析并解决问题，思维要敏锐、活跃。从目前高校的整体情况看来，真正符合通识课程要求的教师只有少数，一是多数教师的水平确实没有达到要求，因为传统的教育都是重视专业教学，教师在学习中对其他方面的知识并不精通；二是达到要求的教师并不愿意教授通识课程，认为通识课程属于业余范围，教学效果不好，工作也无法获得真正的肯定。为了解决师资力量的问题，一些高校开设了名师专项通识课程，但这样的情况并不多见，难以缓解高校目前所遇到的师资问题。

（五）通识课程的教学模式和方法落后

通过对美国等发达国家在通识课程方面采取的教学形式与方法进行研究后可以发现，这些在这方面均采用助教制与小班教学，对学生的学习要求十分严格。我国大部分高校仍然处于传统的教学模式中，即以教师为中心的教学模式，学生在这个模式中处于一种从属地位，单方面接受教师灌输的知识，鲜少出现学生自主探讨的现象。通识课程与死记硬背的知识是具有很大差别的，针对的学生一般是全校性的，所以要想真正将通识课程的教学效果激发出来，必须要明确其与专业课的不同之处，采取多样化的教学方式提高学生学习的积极性。

（六）学生对通识课程错误的认识

不仅教师对通识课程有认识的误区，学生也存在此种情况。传统的教育模式与课程设置都以文理为主，尤其是高校在专业知识方面的针对性更强，也就导致了对其他方面知识的忽略。学生受到学校与教师对待通识课程态度的影响，认为通识课程仅仅是一门辅助课，纯粹是为了完成全面教学。学生在选择通识课程时，一类是为了兴趣，认为自己喜欢什么就选什么；另一类是为了轻松，事先探查哪一门课程的教师要求低、哪一门容易过，最后再进行选择。真正重视通识课程的仅有少数对学习非常认真的学生，大部分学生对通识课程并无敬畏之心，看小说、聊手机、讲小话的情况层出不穷，觉得与自己专业课无关的其他课程无论学与不学都不会有影响。

三、通识课程问题的解决对策

我国高校在通识教育的发展中已经取得了较大的成绩，但在传统教育模式的阻碍下，依然有诸多问题难以解决，教师、学生与学校的因素是目前最大的瓶颈，为打破通识课程目前所遇到的僵局，可采取以下几种对策：

（一）加大对通识课程教学的资金支持与管理监督

无论何种事物，要继续发展下去就需要有一定的投入，通识课程也是一样。高校要继续对通识课程进行有效开展，就必须保证资源的投入，有了资金与人力的支持，通识课程才能持续发展下去。对通识课程予以专项拨款的措施对通识课程的发展是非常有利的，其一是调动了教师对通识课程的积极性，其二是有了资金保障，可为教学提供更完善的设施。除此之外，高校还应加强对通识课程的管理与监督，在对教师的教学进行监管时，学生方面也要注意合理地安排作业，重视课堂纪律，改变学生对通识课程的敷衍态度，力图纠正学生的心态，使通识课程逐渐占据一个重要位置，得到教师与学生的重视。

（二）加强通识课程师资力量建设

教育的实施离不开教师，教师的实力是否雄厚直接关系到学生吸收知识的广泛程度。通识课程之所以发展缓慢，其中一个关键因素就是师资力量薄弱，要打造一支强劲有力的教师队伍，主要从四个方面出发：一是注重教师的资格筛选，即选择合适的教师教授通识课程。与专业课程的选择标准不同，通识课程的教师要求倾向于具有丰富的学识与经验，学术素养较深、视野开阔、思维灵活，要真正热爱开设的通识课程。二是完善通识课程教师培训制度，即高校要提高对通识课程的重视程度，建立并完善通识课程教师的培训制度，采取有效措施加强教师的教学能力，从而提升教学质量。三是建设强劲的通识课程教师队伍，培养更多的教师加入通识课程教学中，鼓励年轻教师积极向名师名家汲取经验，借鉴校外、国外成功的教学经验，从根本上提高通识课程教师的教学水平。四是加强经验交流，积极参加通识教育的研讨会，要随着时代的进步提升对通识课程的教学意识与技巧，坚持不断学习、丰富自身的知识面。

（三）完善通识课程教学评价机制

教育活动的最终教学效果需要一个有效的评价机制做出最后的测评，以便对教育活动的成果进行鉴定，提供新的教学导向。通识课程教学的评价机制与传统的专业课程存在很大的不同，所以要建立新的评价机制，为学生在通识课程中的学习成果进行专业测评。建立完善通识课程教学评价机制，必须注意三点：首先，要保持评价过程的灵活性。学生在通识课程的学习中会有一定程度的提高，在对学生的学习成绩进行评价时应考虑到学生的提高程度，注意到学生的变化。其次，保证评价系统的全面性。通识课程教育的评价系统不单单是要对学生在某一领域的学习进行测评，还要对学生在其他知识领域的成绩进行测评，鼓励学生全面发展。最后，实施多样化评价。传统的评价模式多是以学生最终的笔试成绩作为测评结果，容易误导学生只重视书面知识而忽略实践，多样化评价手段可以从学生的考试、论文、课堂行为、作业等进行综合测评，引导学生向多方面发展。

随着社会的不断发展，文化与现实的冲突日益加剧，越来越多的国家对高校教育开始倾向于文理综合化，特别是欧美发达国家已经对通识教育进行了实施与探究。通识教育在我国仍处于发展中状态，与美国等发达国家相比依然存在许多不足之处。高校要改变通识课程的地位，不仅要从高校本身出发，教师与学生也要相应地转变态度，摆脱传统的教学模式的限制，从新的角度看待通识课程对教育的推动作用，鼓励学生全面发展。

第四节　高校通识教育选修课教学

一、高校的通识教育和通识教育课程

最早提出这一概念的美国博德学院的帕卡德教授认为："通识教育，包括古典学、文学和科学方面的课程内容。它是学生进行任何专业学习的准备。它为学生提供所有知识分支的教学，使学生在致力于学习一种特殊的、专门的知识之前对知识的总体状况有一个综合的、全面的了解。"

国内学者一般认可李曼丽提出的"就性质而言，通识教育是高等教育的组成部分，是所有大学生都应该接受的非专业性教育；就目的而言，通识教育旨在培养积极参与社会生活的、有社会责任感的、全面发展的社会的人和国家的公民；就内容而言，通识教育是一种广泛的、非专业性的、非功利性的基本知识、技能和态度的教育"。

通识教育是一种强调"做人"的教育（专业教育强调"做事"），"是育人，非制器"，着眼于人的全面发展，培养人格健全的社会公民。通识教育强调拓展学生的视野和创发性心智，培养学生的独立思考能力和综合能力，强调学生的全面发展。

在我国，通识教育通常以"促进学生全面发展的教育""素质教育"和"文化素质教育"等方式出现，是针对大学过分专业化而提出的，是对过于狭窄的专业教育理念和模式的反思；目的是使学生通过融会贯通的学习方式，综合、全面地了解人类知识的总体状况，拓展知识视野，认识不同学科的理念和价值；提升对人类共同关心问题的触觉；建立判断力及价值观；理解不同学科之间的关联和融会发展的可能，发掘终身学习的潜力。

我国大学以不同方式推动大学本科通识教育的历史不长，如果从1995年原国家教委在华中科技大学召开"文化素质教育试点工作会"算起，不过十余年时间。近年来，通识教育逐步受到重视，高校纷纷设置通识选修课，有的高校提出了明确的课程目标。例如，北京大学的通识教育课程目标是"引导学生从本科教育的最基本领域中获得广泛的知识，让学生了解不同学术领域的研究方法及主要思路，从而为能力和经验各异的大学生，提供日后长远学习和发展所必需的方法和眼界"。武汉大学的通识教育课程目标是"向学生展示不同学科领域的各门知识及在这些领域内的探索形式，引导学生获得多种不同的分析方法，并了解这些方法是如何运用，以及它们的价值所在，其强调的是能力、方法和性情的培养"。

课程是连接师生的纽带，是达成教育教学目标的途径和载体，是高等院校教育理念的具体体现。为了达到上述通识教育目标，通识课程应该涉及哪些方面的内容呢？

在我国，什么样的课程才是通识教育课程？有学者认为，外国语、计算机科学、思想政治理论课、数学、文学、艺术、自然科学，以及哲学、伦理学、历史学、自我认识、心理咨询、写作、社会分析等都为通识教育课程。李曼丽在对北京大学、清华大学、中国人民大学和北京师范大学的通识教育现状调查后，把通识教育课程分为两部分：一部分为全校性必修课，包括政治理论课程、外语课程、计算机课程、体育和军事课程等；另一部分为文化素质教育选修课，划分为7个领域，即数学、自然科学、社会科学、人文科学、计算机、语言、艺术技能。

本节探讨的是各高校为本科生开设的、可以让学生自由选择的通识教育课程，即"通识选修课"，不包括思想政治教育、外语等全校性通识必修课。

二、通识教育选修课程教学中的问题

由于我国实施通识教育的历史较短，高校及教师对其内涵、教学目标和意义的理解较为肤浅，开设课程及实施情况随意性强，没有达到应有的教学效果，存在很多方面的问题。诸如高校通识选修课程设置普遍缺乏整体观和全局观，课程设置支离破碎，拼盘现象严重；授课教师一般重视知识的传授而忽视思维方法的训练，重视单方面的讲授而忽视与学生的互动；学生普遍将其视为专业课以外的辅助课，有一部分学生的选课目的只是为挣学分等等。笔者通过大量的文献分析和实践调查归纳出我国高校为本科生开设的通识选修课普遍存在以下一些问题：

（一）课程设置的随意性、课程组合的拼盘化

目前，各高校基本是采用教师自由申报课程，教务处组织专家评审，通过之后进入课程库。这就难免存在"因教师设课"，或为了迎合学生而"因学生设课"的现象。由于事先缺乏对需开设的各类课程的统筹规划和申报引导，由此形成的课程群只能是混乱拼凑、内容结构不合理的"拼盘"。课程设置的随意性、课程组合的拼盘化是一个普遍存在的突出问题。

（二）课程内容的知识化、浅显化

不少教师认为，通识教育选修课就是理科学生学点文科知识、文科学生学点理科知

识，主要是灌输一些浅显的知识，把通识选修课开设成"概论型""鉴赏型"和兴趣类课程；原理、概论、通史之类的课程太多，东西方原著经典导读的课程太少，研究方法指导、能力培养和综合素质训练的课程极少。

（三）教学方法的单向性、灌输式

目前，通识选修课一般课时不多，基本上是以知识灌输为主，学生被动听讲，课程上完之后，能够记住零散的一些知识已属不错，基本没有其他更深的感悟和收获，谈不上达成通识教育的教育目标。教学方法的单调、枯燥、灌输式等造成的教学效果差的问题是高校通识选修课程教学方法存在的普遍性问题。

（四）成绩评定的单一性和简单化

我国现行的通识选修课程考核大多以知识考试方式为主，侧重于对学生知识面或知识记忆能力的测评，基本上还是沿用期末测试题等以知识记忆为主的考核，计分方式为百分制。事实证明，这种单一的考核方式不利于提升学生的综合素质，影响了通识教育目标的实现。

（五）师资力量较为薄弱

不少高校的管理者、教师对通识教育的理念认识不足，在思想上重视不够，因此往往不把主要力量、主要精力放在通识教育课程方面。一些高学历、高职称的骨干教师往往因为专业主干课和科研任务繁重而无法再开选修课。从现实来看，部分承担通识课程的教师往往凭兴趣开课，其知识水平、敬业精神和人格修养等都有待提高。

三、加强和改进高校通识教育选修课教学的对策

（一）优选课程内容

通识课程的目标是培养知识体系完整、视野广阔、人格健全的社会公民，要达此目的，绝不是通过设置数量庞大的课程、采用知识灌输的方式就可以实现的。那样做，除了加重负担、造成疲劳、生发倦怠之外并无多大益处。只有在统筹规划的前提下，精选课程及其内容、采用适当的教学方法才能让学生在有限的课时内获得最大的收益。那么，什么样的课程知识内容是值得选取的呢？

在强调知识的广博、贯通、前沿性的同时，应该选取各学科最重要的核心内容。例如，中外名著、经典原文是最值得选取的教材内容。赫钦斯认为，名著包含了人类最高的智慧和理性，包含着绝对真理；学习名著比学习一般教材更能对一个人的智力提出挑战，它可以促进学生智慧的发展。阅读名著是一种很好的理智训练，是实现教育目的的

最好途径。许多美国高等院校发现用原著教学比利用二手资源组成的教材更能达到核心课程的教学目标。经典研读的课程应注意避免价值和知识的简单灌输，宜较多地采用研讨课的形式，让学生在课前阅读经典文本，在课堂上交流读后感，尽量产生"头脑风暴"的效果，这样有助于培养他们的批判性思维和创新精神。

还需指出的是，任何课程和知识内容材料都仅仅是载体，教师应认识到"重视学生掌握获取知识的方式而非知识本身"。最重要的是怎么通过这些课程和知识的学习，让学生在原有基础上尽量全方位地提升知识文化水平、思维品质、动手能力和道德觉悟等。这一目标肯定不能单单依靠课堂上理论讲述就能达成，只有让学生在近乎真实的情景里，直接参与体验、动手做，才能有所感悟，才能有实际效果。

（二）改进教学方法

通识选修课的教学不应以知识教学为目的，而应以着重培养学生的人文精神、正确价值观、健康的生活态度、良好生活习惯为目的；所以，必须摒弃纯理论知识的讲授教学，采用适合所学内容的教学方法，引导学生在实践中学习，通过行动探究和感悟知识。如尽可能采用翻转课堂（先学后教）、小组讨论、创设情境等方法，让学生置身于知识的主动探求之中，通过自己的实践，融入自己的信念、情感、体验、希望等各种因素，在深刻体验和感悟后获得的就不只是零散的知识，而是领悟、超越知识本身的东西，如人生意义、价值观等，进而使学生形成自己的见解和主张，有助于他们形成今后使学生受益终身的智慧力量。

（三）改革完善考核方式

课程考核是教学工作的重要环节，是评价教学效果和实现教育目标的重要手段。应该把通识选修课程的考核目的定位在引导学生提高包括创新能力在内的综合能力和整体素质上。

第一，改革通识选修课程的考核内容。从强调对学生识记书本知识的考核，转移到对学生运用所学理论分析问题、解决问题能力和综合素质的考核。具体而言，将考核范围从书本延伸到社会生活热门话题、理论热点和难点、前沿问题等，减少对书本知识的考核；还可以通过采取小组讨论、辩论、调研报告等形式，加强对学生的口语能力和写作能力等基本技能的考核。

第二，改进考核方式。将学生平时的作业、课程论文、参与课堂讨论和社会实践活动等形式都纳入考核中，实行多样化的考核，达到增强学生学习兴趣、提高综合素质测查信度和效度的目的。此外，加强督教督学，严格考试制度，以严格且科学的考核检验教师的教学效果，督促学生勤奋学习，促进学生在知识结构上求"通"、求"博"。

（四）处理好与专业课程的关系，重视师资队伍建设

通识教育选修课程与专业课程有着各自的目标和任务，但二者并不是割裂和相互排斥的关系，而是相互联系和促进的关系。专业课程可以融入通识教育的元素，通识教育也可以包含深刻的专业思想。

实施通识教育最关键的因素是教师的理念和认识。目前，我国高校承担通识课教学的教师同时也是专业课的教师，并且在通识选修课学分不能大幅增加的情况下，通识教育不能仅仅靠几节通识选修课就能达到理想的目标，需要全体教师具备强烈的通识教育意识，把通识教育理念贯穿专业教育课程之中，这对教师的要求是相当高的。如果一位教师能着眼于知识、技能深度和广度的开掘，能够把知识性和思想性相互贯通，那么即使他教的是化学，也能够高屋建瓴，使学生从中感悟到贯穿整个自然科学领域的普遍的规律；甚至于教理科的教师可以让学生领悟到文科课程也通用的思想和方法。正如亨利·罗索夫斯基指出的："作为起模范作用的教师是通识教育一个至关重要的方面，一个具有高标准和擅于关心人的教授在道德行为方面肯定会教给学生更多的超过该课限制的东西。"

怎样才能做到让通识教育由最适合的具备较高素质水平的教师承担教学？一是通过加强对现有教师的培训以及引进高素质教师来提高教师队伍的教学水平；二是分工合作，资源共享。例如，重庆大学城由不同类型高校承担系列选修课程，如人文社会科学课程由师范院校、文科类院校承担，科学技术与工程课程由理工类院校承担，大学城各高校学生都能共享高端、优质的教师资源。

此外，为了提高通识选修课的授课质量，有的高校（如重庆师范大学）还推行了"百名教授开设通识选修课计划"，要求全校具有教授、副教授职称的教师每学年必须为学生开设一门选修课；有的高校（如大理大学）规定，优秀教师评选入门条件之一是必须参与讲授通识选修课；为了提高教师的积极性，有的高校采取提高课时报酬的方法，如规定通识教育课不低于甚至高于专业课的报酬。以上办法和措施都收到了良好的效果。

（五）加强通识教育选修课程的建设和管理

通识教育的实施需要合理的通识教育课程来实现。通识教育课程的设置并非以全面为目标，而是强调课程的综合性与整体性，通过杂糅人文科学、自然科学与思维科学等多领域的知识，创造一种全景式框架，使学生接触到不同性质的知识、多种多样的研究范式，从而养成从不同知识层面和维度分析和解决问题的能力。要实现通识教育的目标，不仅要求课程科目要覆盖宽广的领域，而且要求课程内容要涵盖各学科最基本、最重要的知识，设置基础性、广博性、综合性强的课程。

通识选修课程的建设和管理，要以学生需求为导向，以挖掘现有教师资源潜力和优势为基本手段，注重整体性、系统性引导和设计，对包括课程模块、类别、内容、学时、开展形式等在内的课程体系进行系统、科学地研究和论证，建立课程调研机制，做好课程供求分析，组建课程开发团队，精心设计课程建设方案，规范课程开设程序，彰显学校特色和区域文化特色；要加强通识教育精品课程建设，打造一批有特色、高水平的通识教育课程；要建立通识课程多元化信息反馈系统，不仅全程追踪学生本科 4 年的通识课程学习，而且应建立期中反馈式评价、期末总结式评价等多元化信息反馈系统。

其实，通识教育课程是一个相对的概念。例如，麻省理工学院文科类的自然科学通识课程（数学、物理、化学、生物等）在其他高校里可能就是本科的专业课程。所以，试图统一各个类型和层次的高校的通识教育选修课程是不科学的。各校学生的需求和水平不一、办学特色有别、师资力量差异也较大，俗话说"没有最好，只有最适合"，这个道理可以用在各个高校通识教育选修课程的设置和建设上，构建适合本校学生和富有本校特色的通识教育选修课就是较为合理的选择。

第五节　高校通识教育教学改革

我国的高等教育曾长期以专业教育为主导，但是随着通识教育理念的传播以及相关教育成果的取得，我国高校从开设"通识教育课程"起步，已逐步尝试推进通识教育。然而，从整体上看，我国高校现阶段开展的通识教育在发展理念和实践上还存在一些不足。为此，笔者通过回顾通识教育的发展历程，进一步明晰了通识教育的内涵；并在对我国高校通识教育存在的问题进行分析以及借鉴成功经验的基础上，提出完善通识教育的系统性建议。

通识教育的理念源远流长，可以追溯到古希腊的"自由教育"理念。然而，对于通识教育的内涵，学界众说纷纭，至今没有形成统一的论述。通常，学界普遍认为，现代意义上的"通识教育"至少具有以下特征：第一，是一种面向所有学生的教育；第二，是一种非专业性、非功利性的教育；第三，是弥补专业教育的不足以及获得普遍知识、提高文化素质和教养的教育；第四，是旨在启迪每个学生对自我全面发展的渴望与追求的教育。

从通识教育的发展历程看，古代西方的"自由教育"（liberal education）被认为是"通识教育"的滥觞。亚里士多德把教育划分为"自由人"的教育和"非自由人"的教育。其中，"自由人"的教育是指针对少数衣食无忧的贵族人群开展的反对任何职业和专门技能训练的、以发展人的理性为主要目的的教育。19世纪中叶，英国神学家约翰·亨利·纽曼（John Henry Newman）发展了"自由教育"的理念。他认为，各学科知识是相互联系与平等的，高校应该传授给学生普遍的知识，只有这样，学生才可以得到全面、均衡的发展。同一时期，美国耶鲁大学发布了有关教学改革的"耶鲁报告"（*A report on the Course of Liberal Education*），以推行非职业的、全面的、均衡的知识教育制度。1945年，美国哈佛大学发布了"哈佛报告"（*General Education in a Free Society*），首次使用"通识教育"（general education）概念，这标志着现代通识教育的诞生。

"哈佛报告"指出：以往的教育过分强调学生个性的培养，却忽视了共性的培养；只有培养个性的专业教育与培养共性的通识教育相辅相成，才能实现学生的全面发展。"哈佛报告"对通识教育的重视在美国引起了很大的反响。1947年，美国高等教育委员会发表了《美国民主社会中的高等教育》，明确将通识教育提高到与专业教育相当的位置。至此，美国乃至世界各国的众多高校纷纷效仿，从而在世界范围内掀起了改革与实施通识教育的高潮。

随着时代的发展，社会对教育的要求也不断发生着相应的改变。2007年，哈佛大学发表了新的"哈佛报告"（*Report of the Task Force on General Education*），开启了大规模的通识教育改革。在科技日新月异和全球化的大背景下，新的"哈佛报告"指出，通识教育要重视学生科技意识和国际化视野的培养，所以，通识教育课程设置上应对人文课程进行压缩，同时增加科学教育课程的比重。

从通识教育的发展历程可以发现，在从"自由教育"演变到"通识教育"的过程中，教育对象、教育目的和教育内容等都发生了一系列的变化。当今，通识教育的教育对象已面向所有学生，而不再局限于少数人；教育目的强调追求人的全面发展；教育内容更加丰富，虽然仍强调人文教育，但已不再仅仅局限于人文教育，除了不再贬低和排斥专业教育之外，科学教育也越来越受重视。

一、我国高校通识教育在发展理念和实践方面存在的问题

随着社会舆论对高校所培养专业人才的综合素质、适应能力、创新能力的关注和质疑越来越强烈，通识教育在人才培养过程中的重要性已越来越得到各方面的认可；再加上我国高校越来越重视对国外著名高校成功教育模式的研究与借鉴，所以通识教育在高校的开展也开始走向深入和完善。

然而，从总体上看，虽然目前我国所有高校基本上都设置了通识教育课程，但是由于我国在经济社会快速发展中急需大量专业人才，所以长期以来专业教育一直是我国高

等教育的核心；同时，由于缺乏整体规划，实践经验不足，所以我国高校开展的通识教育在发展理念和实践方面仍存在诸多不足。

（一）课程设置方面的问题

我国高校的通识教育课程一般包括公共必修课程和文化素质教育选修课程，其中选修课又分为限制性选修课和高校公共选修课。高校公共必修课的主要教学目标是培养学生的政治素养和身体素质。目前，大多数高校的公共必修课程通常要占全部通识教育课程的 70% 左右，而培养学生科学修养、批判能力、创新能力的选修课程所占的比例明显较低。例如，《北京林业大学本科生教学计划（2011 版）》规定学生需要修满的通识教育课程学分包括公共必修课程的 32.5 学分和选修课程的 14 学分。

同时，高校开设的各科类公共选修课程的构成比例并不均衡。例如，北京林业大学开设的公共选修课程中人文科学类课程占 29%、社会科学类课程占 12%、数学和自然科学类课程占 29%、体育类课程占 24%、艺术审美类课程占 6%。虽然这些课程的总量达到了 232 门，但是课程的设置并没有很好地兼顾学科间的联系，导致学生获得的知识仍是零碎散乱的，而且培养学生科技意识和国际化视野的课程所占比例仍显不足。

此外，我国多数高校由于对通识教育与一般教育、专业教育间的关系缺乏深入的理解，所以只是简单地采取在本科低年级实行通识教育、在高年级实行专业教育的做法；同时，在通识教育课程设置的目标、功能和比例等方面缺乏深入的研究和系统的论证，没有建立负责总体设计且具有充分代表性和权威性的课程建设专门委员会，缺乏自觉的本土化指导纲领；此外，因人开课的现象仍非常严重。

（二）课程教学内容方面的问题

由于我国高等教育长期以来都是以专业教育为重心，所以高校开展的通识教育远不足以动摇专业教育的主导地位，体现在通识教育的课程教学内容上就是应用型与专业化倾向明显。根据通识教育培养目标的要求，通识教育的课程教学内容与专业课程应有明显的区别，通识教育课程应更加强调理论基础知识等普遍性知识。然而，目前我国大多数高校开设的通识教育课程，尤其是自然科学类课程，其教学往往由专业课教师兼任，这使通识教育课程的教学内容容易不自觉地偏向专业化。例如，笔者在承担本科生通识教育课程"生物技术导论"教学时，曾邀请承担相应专业课程教学的优秀教师讲授其中的技术章节，但是并没有达到预期的教学效果，反而导致学生更深入地了解专业知识的积极性不升反降。因此，笔者认为由于通识教育课程的教学目标是让学生获得全面的普遍性知识，所以其教学内容应尽量避免纳入过多的应用型与专业化的内容。

（三）课程教学方式方面的问题

现阶段我国高校的通识教育课程教学仍以传统的以教师为中心的课程教学方式为主，即便部分高校积极开展了一些教学模式的改革，如尝试开展"慕课""微课"等教学，但是基本上都还停留在形式上的"点到为止"，教学方式改革的实效和反响并不理想。在通识教育课程教学实践中，教师的角色任务依然限定于将已有知识单向地灌输给学生，而学生的角色任务就是被动接受，学生与教师的互动很少，难以对某一问题进行真正的交流与探讨。这种形式主义的单向、强化灌输不仅不符合通识教育课程教学的价值要求，而且缺乏对学生学习能力和批判性思维方式的培养和训练。

例如，笔者在讲授本科生通识教育课程"生物技术导论"时发现，如果采用传统的授课方式，由于低年级学生缺乏系统的基础知识，所以每节课涉及的知识都可能对其产生困扰，学生很难也没有积极性将几周内学习的课程内容有效地组织成系统知识并加以理解，严重影响了学生的学习兴趣。针对上述情况，笔者曾尝试采用研讨式和讲座式教学方式予以解决。但是，通过实践笔者发现，即便引入课堂讨论，学生也很难在通识教育课程教学中深入问题的本质进行讨论，而且研讨式教学方式占用了大量本就有限的课时。而在讲座式教学方式的实践中，由于笔者对课程内容进行了重新组织，将每一堂课设定为独立的讲座，然后将相关知识进行系统整理并与热点案例进行结合，所以学生的学习兴趣明显提高，学生对某一特定议题进行主动讨论的积极性得到激发。

因此，笔者认为，通识教育课程教学并不存在最优的通用教学方式，任课教师应充分考虑不同课程教学目标之下教学内容的不同以及学生知识背景的不同，积极尝试富有针对性的教学方式。

（四）课程论文方面的问题

要求学生完成课程论文是现阶段高校通识教育课程较常用的考核方式。但是，通识教育课程的课程论文考核方式存在以下两个问题：一是有些授课教师在通识教育课程考核中仍以专业课的标准来要求学生，课程论文的命题和规范以专业课的视角来制定，导致对专业知识尚不了解的低年级学生无所适从。这不仅直接影响通识教育课程的授课效果以及学生的学业成绩，而且容易使学生产生消极情绪。二是有些通识教育课程的课程论文命题并没有结合课程本身的特点，仅仅是为了考核而设立。这不仅对培养学生的创造力和解决问题的能力没有助益，而且导致学生的课程论文只是敷衍应付、泛泛而谈。

针对上述问题，笔者在布置本科生通识教育课程"生物技术导论"的课程论文时，将要求学生完成文献综述更改为完成开放式课程报告，同时要求学生从生物技术角度评述自己感兴趣的生命科学领域最近取得的重大研究进展，并对今后相关研究中生物技术的发展进行预测，尤其是鼓励学生在预测中可以在现有技术的基础上"创造"新的技术。这不仅激发了学生的学习兴趣，而且有利于促进课程教学效果的提高。

因此，笔者认为，通识教育课程的课程论文命题和完成要求不应仅仅是为了考核学生对知识的掌握程度，还应与学生对普遍性知识的创造性运用相契合。

（五）教学质量评价方面的问题

教学质量评价一直是教育改革的关注重点，直接影响着教育质量以及教师在教学中的积极性。目前，我国尚未形成科学、系统的通识教育教学质量评价体系，大多数高校都没有专门的通识教育教学质量评价标准，而只是沿用一般的本科教学评价标准，所以通识教育教学质量评价的目标不够清晰，评价内容不够全面，评价标准也没有体现通识教育的特色。同时，现行的教学质量评价方法单一，师生不仅没有有效途径参与到评价工作中，也缺乏参与的积极性。而且，受专业教育主导的影响，高校的管理部门对通识教育教学质量评价工作的重视不够，教师在通识教育课程教学改革中取得的成果难以得到充分的认可。这些都导致教师开展通识教育改革的积极性不高。

二、完善我国高校通识教育的系统性建议

基于上述分析，笔者认为，我国高校开展的通识教育在整体上仍处于借鉴与探索阶段，还未形成与我国高等教育改革方向和通识教育目标相一致的通识教育模式。因此，推动高校通识教育的发展还需要系统的、持续性的改革实践。

（一）明确通识教育的目标

关于通识教育的目标，目前国内外学界众说纷纭。例如，《哈佛通识教育红皮书》提出，通识教育教学的目标在于努力将学生培养成完整的人。而我国有学者提出，通识教育的目标应该是培养学生理性的批判精神、良好的道德修养、高度的社会责任感、文化认同感、宽广的理论视野、良好的社会适应能力以及无私的奉献精神。但总地来说，都没有形成明确的、凝聚共识的、本地化的通识教育教学目标。

笔者认为，总体而言，通识教育的目标应始终以人的发展为本，应淡化功利色彩而转为重视能力培养；同时，我国通识教育还需明确以培养具有中国主流价值观，以及自我发展能力和适应能力的人格健全的人为教学目标。

（二）优化通识教育的课程体系

我国高校开设的通识教育课程中有 70% 是必修课程，但这并不是影响通识教育实效的主要原因，问题的实质是这些必修课程不能为本科生提供有足够覆盖面的普遍知识。

2013 年，美国斯坦福大学启动了新一轮的通识教育改革，规定本科生必修的通识教育课程必须包括思维与行为方法课程、有效思考课程、写作与修辞课程、语言课程四类，而除了此前规定必修的人文导论、学科广度、公民教育类课程，旨在"培养学生深度阅读、熟练写作、有效交流和批判思维的能力，使学生能够建立不同学科领域之间的联系，并指导学生将来理智地工作与生活"。

借鉴国内外通识教育改革的成功经验，笔者认为，我国通识教育课程体系的优化，首先应该从必修课程开始，科学调整各功能课程的比例，适当增加思维训练、获得知识的方法论等方面的课程；其次，在开设选修课程时，不能只追求数量，而应以总体规划为指导，均衡不同学科的课程，增加跨学科课程，以加强不同学科知识间的联系。

（三）完善通识教育课程的教学模式

具体而言，通识教育课程教学模式的完善应从以下三个方面展开：

1. 课程教学内容

针对我国通识教育课程教学内容存在的应用型与专业化倾向，在通识教育课程改革中，课程教学应从强调某些专业知识的传授转向侧重于对学生思维的训练，而核心课程应更关注于引导学生掌握获得某领域知识的主要方法论。同时，随着科学技术的迅猛发展以及各类信息的日新月异，通识教育课程教学内容应与时俱进，根据不同功能课程的特点，适当增加一些学科领域最新的研究成果、观点等内容，使课程教学内容能够与学科前沿以及国际先进水平接轨。例如，笔者在讲授本科生通识教育课程"生物技术导论"时，会在每堂课的前 10 分钟介绍最近一周世界范围内在生物技术方面所获得的重大突破。这对提高学生课程学习的兴趣很有帮助。

2. 课程教学方法

以知识灌输为主的传统课程教学方法在通识教育中广受诟病，教学方法的改革迫在眉睫。鉴于通识教育的理念和特点，通识教育课程教学不应拘泥于任何一种特定的教学方式，而应根据不同课程各自的特点尝试采取多样化的、富有针对性的教学方法。因此，通识教育课程教学方法的改革应积极丰富多媒体教学手段，要注重理论知识与生活实践的紧密联系，并综合运用讲座式教学方式、课堂讲授与观摩相结合教学方式等多种教学方式。同时，教师在课程教学中应改变提问者、监督者的角色定位，通过积极引导学生主动思考、培养学生批判性思维、激发学生独立解决问题的能力等，使自身的主导作用得以充分发挥。

3. 课程作业的布置

通识教育课程的课程作业应与专业课程的课程作业有所区别，同时课程作业的布置不应单纯以考核为目的，还应以提高学生的综合能力和提高教学效果为目标。因此，首先，通识教育课程的课程作业命题可以更加灵活，甚至可以采用开放式命题；其次，课程作业可以适当减少学生的作业量，同时加强对学生思维能力和创造能力的训练；最后，课程作业的形式可以更加丰富，如采取学生小组互动合作、专题调研、主题讨论等形式，以调动学生参与课程教学、认真完成作业的积极性。

（四）构建科学合理的通识教育教学质量评价体系和机制

科学合理的通识教育教学质量评价体系必须具备系统性和可操作性两个要素。所谓系统性，就是要求通识教育教学质量评价体系和机制要对课程教学目标、教学内容、教学方法、教学效果等进行全方位的评价，而且评价对象要同时包括教师和学生。所谓可操作性，就是要明确通识教育教学质量评价指标以及可执行的评价方法。因此，针对我国高校通识教育评价方法单一、教师无法参与评价的现状，积极实践多样化的评价方法十分必要，如尝试采用心理量表测验法、问卷调查法、档案袋评价法等评价方法；同时，还应建立能够激励教师从事通识教育教学的机制，以进一步完善通识教育教学评价体系。

总之，与专业教育相比，通识教育的"通识性"更注重如何培养一个健全的人。通识教育课程不仅要拓宽各专业学生在非本专业领域的知识面，加深他们对社会大系统的理解，而且要加强学生综合素养和创新能力的培养。概言之，通识教育应更注重对学生能力的培养，即培养学生进行自主研究型学习的意识和获取知识的能力，训练学生的战略性思维，使其能够以更广阔的视野思考问题以及积极关注社会生活，并从多个视角寻求解决问题的方案。基于此来反观我国高校开展的通识教育，必须意识到目前通识教育在发展理念和实践上尚存在一些不足，推动通识教育的改革和发展任重而道远，需要进行系统性和持续性的改革实践。

第六节　高校通识教育教学与管理

一、提高认识，以学科建设的高度来对待通识课

高校通识教育的实施能否达到预期的效果，仅靠教学管理部门的重视是远远不够的，必须由全校师生共同来关注。高校及教师在认识上应转变传统的重专业课、轻通识课的观念，通识课不是可有可无的"辅课"，它承担着宽口径、厚基础，培养学生全面发展的重任。高校应通过各种途径加大对通识课的宣传力度，使学生端正学习态度，积极、

认真地学习，杜绝"选而不修"的现象。在组织上，改变以往通识教育由教务处某个科室负责的做法，尽快成立通识教育部或通识教育研究中心专门负责全校通识教育课的规划、建设与审核工作。高校对教师的开课从申报到审核都必须严格把关，务必组织有关专家、学者进行论证，从源头上确保能开出一定数量和质量的通识课程。高校还应加强对学生的选课指导。选课之前，通识教育管理部门可通过开讲座、网络答疑或进行现场咨询的方式引导学生选课。高校还可建立本科生导师制，由导师负责帮助学生建立并管理好自己的课程体系，有针对性地选择自己需要的课程。通过各方面的努力，使通识教育真正形成学校重视、教师关心、学生积极的良好氛围。

二、组建一支高水平的教师队伍是成功实施通识教育的重要保证

通识教育与专业教育相比，对教师的要求更高。由于教师是教学活动的主体，在教学过程中扮演着重要角色，教师的治学精神、人生态度和人格品行对学生起着持久和深远的影响。从国外高校的经验来看，高校要成功实施通识教育，必须得拥有一支高素质的教师队伍。因此，学校应制定相应的激励机制，为通识课设立专项经费，鼓励优秀教师、骨干教师、教授带头开设有特色的通识课，以增强通识课的师资力量。名师、教授授课，不仅可以全面提升通识课的教学质量，还可以让学生领略到不同学科的名师风采，他们或以自己的研究成果，或以学科的前沿、热点问题进行专题报告去营造良好的学术氛围。

此外，高校可以充分发挥学校退休教师队伍的作用，聘请一些经验丰富的退休老教授继续为学生开课；鼓励校内确有专长的行政人员积极参与通识课的教学，全方位提升通识课程师资队伍的力量。

三、广开课源，构建科学、合理的课程体系

学校在通识教育课程体系的规划和设置上，应以有利于提高学生的综合素养，增强其社会适应力为出发点和归宿。因此，通识教育课程体系不仅仅是课程的简单组合，还应该体现出学科之间的融会贯通，形成意义明确、观点一致的核心知识体系。

四、加强教学管理，完善通识课的质量监控体系

由于通识课一般都安排在晚上或周末上课，其教学监控管理难度较大，但并不能因此而听之任之。为确保教学质量，学校应制定一套较为完整的质量监控体系。教务部门应组织人员加大对通识课进行定期或不定期的检查，主要检查任课老师是否严格遵守教学纪律、有无提前下课或私自调课的现象存在；其次检查学生的出勤率，通识课经常被

学生错误地认为是"辅课"，学生特别是高年级的学生"选而不修"的情况大有存在，且通识课一般课时较短。因此，高校要完善课堂点名制度，建立平时考勤与期末成绩相挂钩的机制，强化日常教学的重要性；组织有关专家、教学督导成员对通识课进行随机听课，检查课堂教学效果，发现问题及时反馈给教务部门；建立全方位的教学质量评估体系，组织学生对课程和任课教师满意度进行网上测评，评测还应有教学管理部门、通识课程的专家小组及教学督导等参与；对教学质量差，学生满意度差的课程提出限期整改方案，将不合格的课程淘汰出局，以确保通识课程的整体水平不受影响。

总之，影响高校通识教育发展的因素还有很多，如教材编写、考核方式、制度建设等，高校只有在立足本校校情，积极探索，学习国内外成功推行通识教育的高校积累经验、不断实践，才能走出一条适合本校的通识教育改革道路。

第七章　新时代背景下高校思政课程教学方法研究

第一节　高校思政课程教学模式

实践教学活动是高校思政课程教学的重要组成部分，强化实践教学内容是提高思政课程教学效果的有效手段。目前，高校在开展思政课程实践教学活动中存在着诸多问题，本节通过深入研究问题产生的原因，并从创建全新的实践教学理念、健全的组织管理机制、完善的经费管理制度等方面，阐述新模式下强化思政课程实践教学的具体方法。

实践教学是高校思政课程教学的一个重要环节，通过强化学生主体的参与、感悟，将课堂理论教学的内容内化于心，从而实现"知""行""信"的统一。根据《中共中央宣传部 教育部关于进一步加强和改进大学生思想政治教育的意见》（教社政 [2005]5 号）对高校思政课程加强和改进工作的部署要求，高校将加强实践教学作为改进高校思政课程的主要方式方法，探索和创新思政课程实践教学体系是当前高校提高思政课程教学质量的重要任务，也是需要广大思政课程教师进行深入研究的重要课题。

一、高校开展思政课程实践教学的重要意义

（一）实践教学为培养大学生自我教育能力提供了平台和载体

苏联教育学家苏霍姆林斯基曾说："只有能提高学生自我教育能力的教育才是真正的教育。"思想政治教育其实就是外因通过内因起作用的过程，也是思政课程教师在实践教学的过程中，让学生通过自身的学习能力，不断激发学生的自主的思想矛盾斗争，从而引导学生从现实自我转化为积极的理想自我，最终让学生通过所学到的思政课程知识建立起正确的人生价值体系。人的社会化过程是终身的，学生终究会离开校园和教师，只有具备自我教育能力，才能更快地融入社会。学生只有具备了自我教育的能力，才会形成可持续发展的潜力，才有可能在参加工作以后，不断提高和完善自身素质，最终达

到与社会需要相适应的较高层次。思政课程的各项实践教学活动，为学生自我教育能力的培养提供了最好的平台和载体。

（二）实践教学有利于大学生更好地将理论与实际相结合

实践教学活动是高校思政课程教学的重要组成部分。大学生在参与实践教学活动的过程中逐渐学会运用理论联系实际的方式来解决问题，在整个实践教学过程中学生形成了正确的"三观"，即世界观、人生观、价值观。著名教育家陶行知先生说过："没有生活做中心的教育是死教育；没有生活做中心的学校是死学校；没有生活做中心的书本是死书本。"高校思政课程要富有鲜活的时代感和现实感，实现理论与实际相结合，就必须借助于实践教学，让学生在实践活动中接触客观实际，认识客观实际，感受客观实际，逐渐对思想政治理论形成更深刻的理解，最终使思想政治理论内容被学生自然接受。

（三）实践教学有利于加深大学生对社会和国情的了解

实践教学活动是理论内化并形成信念过程的重要环节，学生自觉地理解、认同和接受科学理论，有时需要通过实践教学来实现。高校通过开展实践教学活动，让大学生可以走出校园去工厂、农村等地亲身感受和体验。学生既可以充分了解社会主义现代化建设所带来的巨大成就，同时又看到了由于多种因素所造成的经济发展不均衡，特别是部分农村的贫穷落后状况。高校可借此引导学生学习工人、农民勤劳和纯朴的优秀品质，从而真正地了解国情和社会，增强社会责任感。同时，高校应针对现实社会的实际情况，指导学生运用马克思主义的基本理论进行正确的分析，使他们能够了解社会存在问题的本质原因，从而进一步加深其对社会的了解和认识。这就可以使大学生在步入社会时，能够运用思政课程的理论正确地分析和对待社会所存在的问题，而不至于出现盲从或措手不及的现象，从而增强大学生适应社会的能力，使其能够较好地适应社会。

二、当前思政课程实践教学中存在的问题

（一）思想认识不到位

一是教师认识不到位。部分高校思政课程教师对实践教学的认识存在误区和偏差，认为思政课程实践教学无非是带学生去历史博物馆、纪念馆或乡镇企业走走看看，抱着出去玩玩、放松的心态，此教学方式最终将造成学生思想的放纵，既不能有效地达到思政课程的教学目的和教学要求，也不能起到提高大学生思政课程素质的应有作用。二是学生认识不到位。有些学生认为开展思政课程实践教学没有什么实际意义，只是学校的一种应景行为，也有一些学生认为在专业课实践教学方面多下功夫才会更有收获。因此，

思政课程教师在开展实践教学活动时，一时很难改变这些大学生的消极认知，遇到了他们被动应付的状况，得不到他们的积极配合，最终难以达到思政课程实践教学的预期目的。

（二）组织管理方式不够科学

目前，高校思政课程实践教学普遍存在组织管理不畅、人员不够、专项经费不足等问题。这使得大部分高校思政课程实践教学多以任课教师为主体，一个学期开展一两次实践教学活动已属不易，很多时候高校实践教学是教师作为一项任务交给学生自己去完成，或是给学生布置一些选题，让学生去写一篇调研报告；至于学生怎么去、去哪里，一般都由学生自己来安排。有些学生通过去图书馆查找相关材料，甚至从网上直接下载大量调研内容去完成任务，拼凑成一篇调查报告，这使得社会实践活动更像是在做表面性的工作，难以达到预期所期待的效果。

（三）经费投入不充足

高校在开展实践教学活动时，需要组织学生外出进行考察、做社会调查等相关工作，所以足够的经费投入是进行实践教学活动的保障。一些高校目前还没有设立思政课程实践教学专项经费，更没有建立此项经费管理使用制度，这些因素直接影响了思政课程实践教学的顺利开展。因此，经费问题目前已经成为高校教师推进思政课程实践教学的一大瓶颈。例如，湖北省"高校思政课程实践教学资源整合与利用研究"课题组对该省12所高校教师进行了调查，其中有40.4%的教师认为经费不足是"当前开展思政课程实践教学的障碍"。因此，高校应继续加大对思政课程实践教学活动经费的投入力度，保障实践教学活动顺利开展。

（四）实践教学基地建设不足

思政课程实践教学必须面向社会，这是高校思政课程教学目的和教学要求的内在规定。高校需要充分整合各种思想政治教育资源并广泛开辟实践教学基地，使思政课程实践教学活动更具有实效性和可操作性。目前，有些高校对思政课程实践教学基地建设不够重视，并没有很好地结合学生状况、学科特点、专业特色和育人目标，本着合作共建、双方受益的原则，建设一批相对稳定的思政课程实践教学基地，在一定程度上限制了思政课程实践教学开展的一贯性和持续性。为此，高校应根据自身特点，有目的、有计划、有步骤地建立一批思政课程实践教学基地，从而为思政课程实践教学的开展和推进提供基地保障。

（五）考核评价体系不完善

在开展思政课程实践活动中，有些高校没有建立起完善的考评体系，"三缺乏"的现象比较突出。一是缺乏学生对教师的评价机制。目前，思政课程实践教学考核方式主要是教师评价学生，往往缺乏学生对教师的评价和监督制约机制，这样既不利于增强思政课程教师实施实践教学的责任心，也不利于调动思政课程教师开展实践教学的积极性。二是缺乏结果评价与过程评价相结合。有的高校只注重结果评价，即评定学生提交的实践调查报告，而忽视了学生在参与实践教学过程中思想进步、能力增强、素质提高和社会贡献等现实表现，使思政课程实践教学的效果评价不够客观、不够全面、不尽合理。三是缺乏定量评价与定性评价相结合。大学生的世界观、人生观和价值观的确立以及思想政治素质的提升，应该基于长时间的综合观察和全面考核予以鉴定。

三、创建行之有效的思政课程实践教学新方法

（一）全新的实践教学理念是先导

不可否认，固定的学习场所对每一个求学者来说都是必要的；但时代在发展，传统的"课堂"模式同样也需要做出改变。社会发展变化很快，正是在这一背景之下，大课堂观作为一种全新的教育教学理念被提了出来。上海浦东教育研究院原院长顾志跃先生曾提出："传统的课堂教育时空观需要打破……教师可以通过尝试创设在课堂或课堂外的情境与学习任务，让学生积极融入其中，亲历过程，在感知、体验、内化的基础上，学习到相关的情感、态度、价值观与能力。"大课堂观是思政课程实践教学理念，主张将教学从教室内的课堂向校园，或向更为广阔的社会大环境方面拓展，让思政课程教学的课堂延伸到校园和社会，从多种角度以不同的方式引导大学生将所学知识转化为服务大众、报效祖国并实现自身价值的现实能力。

（二）健全的组织管理机制是基础

相比于课堂理论教学，实践教学的组织管理更为复杂。实践教学涉及教务处的教学安排、教学院部的人员职责确定、财务部门的经费支出、后勤部门的支持和保障，除此以外还包括联系和确定场地、对学生进行培训和考核等方面。因此，如果仅凭思政课程教学部门的单方面力量，依靠人员有限的思政课程教师，想要很好地开展实践教学工作是比较困难的。高校思政课程实践教学在建立健全组织管理机制方面，需要整合多种力量投入实践教学活动之中。高校可以探索建立由学校分管党政领导负责协调，思政课程教学部具体牵头实施，教务处、财务处、学生处、宣传处、团委等部门分工合作、各司其职的思政课程实践教学实施与管理细则。在实践教学活动开展之前，将工作任务下达

到学校相关部门，并将其作为工作绩效年度考核指标之一，以确保思政课程的社会实践教学正常开展。

（三）完善的经费管理制度是根本

有的高校思政课程实践教学由于缺乏专项经费的支持，学生社会实践教学活动逐渐演变为"贵族式"活动。"兵马未动，粮草先行。"只有先确保经费，各项实践教学活动才能有效开展。各高校可以按照教育部相关文件精神，设立实践教学专项资金，确保实践教学活动可以长期和有效地开展。与此同时，高校在经费管理使用制度方面也应该严格按照审批程序操作，通过对实践教学项目进行内容和形式论证，挑选出教育意义大、可行性强、社会价值高、实效性明显的实践教学项目予以立项，最终通过有限的实践经费使教育效果达到最优化。

（四）稳固的实践教学基地是条件

目前，高校思政课程实践教学基地数量较少，功能定位不够准确，实践教学基地没有真正置身于教学之中发挥其应有的作用，高校在加强基地建设的基础上要重新认识和界定实践教学基地的功能。高校要充分发挥实践教学基地在整个实践教学活动中的基础性地位，把基地作为平台，建立一批相对固定的实践教学基地，并以此来带动整个思政课程实践教学环节。实践教学基地应作为重要依托，与高校保持长期、紧密的合作，使双方关系更具有可持续性。高校可以充分发掘和利用本校及学校所在地的思想政治教育资源优势，建立长期、稳定的校内和校外实践教学基地，使学生积极融入社会实践活动中，进一步增强学生对思政课程学习的热情，为实施可持续性的实践教学提供基地保障。

（五）可行的考核评价体系是保障

实践教学的考核是否体现规范性、民主性、公平性、责任性，不仅关系到实践教学开展的实际效果，而且影响着学生对实践教学的认可程度。因此，高校思政课程实践教学必须创建一套客观、合理、积极、系统的考核体系，才能有效保证其健康、持续地开展下去。实践教学考核评价体系还包含对学生的考核办法及对教师的考核办法。高校需要制定学生评价教师与教师评价学生相结合、结果评价与过程评价相结合、定量评价与定性评价相结合的"三个结合"考评体系。同时，实践教学考核制度的过程监控需要多方参与，即包括同行、学生、第三方机构和用人单位在内的多种考核评价方式，实现个体考评与团体考评相结合、处罚性考评与奖励性考评相结合、校外考评与校内考评相结合，尤其是通过各方渠道获得的社会对学生的评价情况要在实践教学成绩考评中予以体现。

第二节　高校思政课程教学价值和意义

教学观的变革根植于思维方式的变迁。随着哲学对人的认识由"预成论"（preformationism）转向"生成论"（generativism）思维方式的转变，相应的，教学观也经历了从教学的"预成论"到教学的"生成论"的变革。教学"预成论"过于强调教学过程的秩序、规范与控制，以及教学对象对知识的接受、掌握与认同，忽视了教学对象所具有的能动性和个性特征，从而丧失了教学对象在教学活动中的主体价值。教学"生成论"注重教学过程的转化和动态"生成"，认为教学是学生主动参与和自主建构的过程，教学系统诸因素的相互渗透与制约决定了教学效果与"预设"的教学目标呈现出复杂的非线性特征，蕴含着教学"生成"与创造的潜力。教学观的变革对我国高校思政课程教学改革提供了方法论指导。

一门学科的价值定位及其发展，从哲学意义而言，必然是一定思维方式的反映，而教学理念、教学策略的选择直接受制于或依赖于思维方式。纵观人类思维发展的历史，先后经历了古代本体论、近代科学世界观、现代生成论三种思维方式的嬗变，学术界将它们归结为"预成论"与"生成论"，它们都是相应时代精神的精华。在现代哲学、建构主义等理论影响下，教学观也经历了从传统教学"预成论"逐步走向"生成论"的变革，对当代思想政治教育产生了深远影响。高校思政课程作为塑造大学生精神品质的一门学科，只有在反映时代精神的哲学理论指导下构建，教学过程遵循人的成长与发展规律，即人之生成规律，将社会生活、时代变迁与人文精神融入高校思政课教学，才能获得强大的生命力，实现育人的价值功能。

一、教学"预成论"的认识论基础与主要特征

哲学上对"人"的认知经历了从"预成论"向"生成论"思维方式的转变。"预成论"思维可以追溯到柏拉图的本质论，也称为本质主义思维。它认为事物"是一种先在设定对象的本质，然后用此种本质来解释对象的存在和发展的思维模式。"在认识上，它将事物分为表面现象与内在本质，现象是本质的外在表现，具有易变性、不确定性；本质是事物的内在规定性，具有客观性、普遍性、恒定性等特征。它认为事物的产生、发展是有规律可循的，事物的发展过程实际上就是其规律的演绎，规律的客观性为事物的发展预设了确定的路径与结果。在实践上，它表现为运用已经形成的对事物本质和规律的

认识，控制或干预事物朝着预设发展轨道实现预期目标。这种思维方法反映在教学领域，形成了"预成"教学观或教学"预成论"。教学"预成论"以对事物发展的规律性认识为基础，认为教学理论研究的主要任务在于探究教学活动的本质，并根据恒定不变的教学本质去寻求普遍适用的教学规律和原则，以此指导教学实践遵循客观规律和预先设计的程序和步骤，最终实现预成的教学结果。教学活动成功的关键在于对规律的把握和遵循程度。这种过于追求和重视教学规律性的做法，虽然也使学生掌握了一定的知识，却阻碍了他们对信息的辨别、筛选，以及创造能力的生成。这一教学观在我国教育中长期占据着主导地位。其主要特点可归纳为：

（一）强调教学过程的确定性、规律性、可控性

教学"预成论"以对物的思维方式来理解和把握人，将教学对象作为被动的客体，认为教育活动既然是一种有目的、有意识的实践活动，那就是有规律的、可控的。教师的主观能动性表现为严格地遵照规律进行教学，重视对教学活动的周密安排和刚性设计，使复杂的教学过程成为一种强制的、程式化的线性序列，似乎学生的发展路径和变化状态是一目了然的，可以按照教育者的意志进行培养和塑造，忽视了学生的主体地位、能动性和个性发展需要，从而导致教学形式刻板和学生思维僵化，使教学对象在教学活动中失去人的主体价值。

（二）教学价值定位为"知识灌输"，缺乏人格和个性的养成

教师作为知识的拥有者，是教学过程的组织者、支配者。为了把自己所掌握的知识全部传授给学生，教师借助于主导地位的权威和已有的教学经验，制定出一套驾驭教学的规则，单方面控制着整个教学过程。教学不是为了培养学生对自己生活的意义反思和价值追求，而是为了接受既有的科学知识。"学习的目的就是接受"，教师寻求最优化教学方法必须能"充分提高知识、技能掌握的效率"，"最经济有效地面向全体学生传授系统的知识，这是教学最具有决定意义的东西"。[①] 教师关注的是目标与结果、认同与掌握、效率与控制的可预测性与精确性，忽视了学生的主体地位，认为学生的学习过程就是将预定内容被动转化为知识的线性累积，学生只要掌握了预设的教学内容便达到了预定的教学目标，排除了预设之外的、反映学生个性与创造性的生成性目标。评价教学效果以单位时间内教师传输和学生接受的知识量为标准，并以分数高低来衡量学生获得知识量的多少，因而教学就成为一种行为控制和等级划分，这与教育所追求的个性自由和民主精神背道而驰。诚然，知识的学习与传授是教学的主要任务，但并非其全部功能。教学的意义在于使学生获得学习的能力，增强其不断学习的愿望，以及主动探究、创造新知

---

① 王策三.教学论稿[M].北京：人民教育出版社，1995.

识的动力；教学的终极追求在于培养学生健全的人格和良好的个性品质，增强学生和教师对幸福生活的感受力和创造幸福生活的能力，而不仅仅是占有知识。

（三）教学目标与学生发展之间呈现因果线性关系

在教学"预成论"视域下，知识、能力的简单累积与学生的整体发展之间具有正比的函数关系，教学目标和结果在教学活动实施之前可以理性设定，教学过程不过是预设的程序和步骤的再现，因而丰富的教学情境被简化为可以人为控制和精确推导的线性联结，试图用简单的线性思维来指导复杂的教学实践，使多维度、多层次、动态发展和开放的复杂教学系统简化为封闭、机械的教学流程，丧失了教学过程的意义拓展和价值衍生。

二、教学"生成论"对教学"预成论"的扬弃与超越

生成教学观的提出主要基于现代教学的局限与困境。随着现代社会对人性的张扬，现代教学因其现实功利性而陷入现实与理想、实践与理论等诸多矛盾之中。这一点在我国的教学实践中表现得尤为明显，课程教学忽视教学对象作为人的主体性，教学内容远离教学对象的现实生活，教学活动在预定的、同一的认知主义轨道上循环重复，日益呈现出抑制智慧、束缚个性等弊端，阻碍人性张扬与自由成长。正是这一时弊催生了生成教学理论与实践。生成教学观从建构主义、经验主义以及怀特海的过程哲学等观点出发，吸收自然科学中的不确定性、非线性原理，尊重教师与学生，尤其是学生的主体性与创造性，关怀人的现实生活诉求，重视教学活动的过程、关系、创造、个性、非理性等特点，强调学习的自主建构和教学的动态生成，实现了对教学"预成论"的被动接受，以及静态预设的扬弃与超越，为教学从传授知识的"工具价值"转向关注学生全面发展的"人文价值"提供了理论支撑与保障。

（一）人的生成性为教学"生成论"提供了内在动力和现实依据

思维方式变迁的内在根据是基于人的生活世界的改变及对"人"的理解。人的进化是一个漫长的生成过程，每个人在生命的起点预先获得了成为人的遗传基因，即人的生物学本质，这是个体生成和发展的前提。马克思主义人学理论认为，人的生命是一个生生不息、不断生成的过程，处于现实社会生活中的个人"不是处在某种虚幻的离群索居和固定不变状态中的人，而是处在现实的、可以通过经验观察到的，在一定条件下进行活动的发展过程中的人。"① "在社会主义的人看来，整个所谓世界历史不外是人通过人的

---

① 马克思, 恩格斯. 马克思恩格斯选集 第 1 卷 [M]. 北京：人民出版社，1995.

劳动而诞生的过程，是自然界对人来说的生成过程。"①人的生成性为人的创造性和自由发展提供了多种可能性，只有从动态、生成的角度解读人，才能理解和把握人的差异性和丰富性。马克思主义关于"现实的人""人的本质""人的自由全面发展"理论，揭示了人的生命是一个生成和发展的过程，对人的认识实现了从"预成论"转向"生成论"思维方式的变革，使"生成论"成为现代哲学的主导思维方式。"生成论"这一思维方式反映的是事物及其本质是在发展过程中生成的，"在生成论的视野中，一切都是生成的，都处于永恒的变化过程之中，不再存在一个预定的本质"。②"生成论"是一种崇尚整合的思维方式，反对用非此即彼或绝对对立的思维来看待和处理各种复杂的关系问题。它并非全盘否定预成论思维，而是意识到预成论思维对事物的认识具有局限性和片面性，预成论思维在强调事物发展的本质和规律时，忽视事物现象和非本质因素；当它强调人的理性行为时，忽视人的非理性行为。相对于预成论思维而言，生成论思维更注重事物发展的过程性、差异性、关联性和创造性。实际上，在事物的具体发展过程中，经常会出现超乎预设的结果或歧态，为事物的多元化发展留下了广阔的空间。

（二）教学"生成论"融入了现代哲学和建构主义学习理论

哲学作为时代精神的精华，其思维方式必然体现在其他理论体系中。教学生成论是在对传统的教学预成论不断反思中发展起来的，融入了马克思主义关于"现实的人""人的本质""人的自由全面发展"的人学理论，以及建构主义学习理论、体验教育等教育思想，把人看作是一个不断生成的存在，是随时代进步和社会变迁而发展的。它不是等待解释的预成性存在，而是通过个体的生命经历、感受和体验而不断生成的存在。20世纪德国著名哲学家卡尔·雅斯贝尔斯（Karl Theodor Jaspers）提出了"教育即生成"的论断，"教育是人的灵魂的教育，而非理智知识和认识的堆积"。"如果教育只是计划内的事情，看不到人之精神生成之可能，那么教育就将变成训练机器人，而人经过教育也仅仅学会功能性的算计而无法看见超越之境。"美国心理学家维特罗克（Merlin C.Wittrock）于20世纪70年代提出了"生成论"学习理论（generative learning theory），在承认教师的指导作用的前提下，从心理学角度阐释了学生在学习过程中的主体地位及其与环境的相互作用，认为学习活动并不是人脑被动接收外界输入的信息，而是学习主体在已有知识经验的基础上，有选择地关注、构建对输入信息的解释，并做出推论。这一过程就是学习主体原有的认知结构与从外部环境接收的信息相互作用、主动建构信息意义的生成过程。这一建构主义学习理论为教学"生成论"提供了直接的心理

---

① 马克思，恩格斯.马克思恩格斯选集　第42卷[M].北京：人民出版社，179.

② 邹广文，崔唯航.从现成到生成——论哲学思维方式的现代转换[J].清华大学学报（哲学社会科学版），2003（2）：1-6.

学依据。

（三）生成性教学强调知识对于人的精神的内在价值

生成性教学以学生发展为本、强调知识对培育人类整体精神和个体精神的内在价值，认为知识的传授与获得的根本价值在于通过知识可以成就人的智慧。承认知识对教学自身和学生发展的重要性，认为知识是人类认识世界的工具和人类认识世界的经验结晶，否定知识在教学中的价值，就有可能使教学不能"养成人们在心灵层面自我反思的习惯，不能提升精神追求超越的境界，不能发展一种宽广而适切的视野而形成对人类生活的整体认识"。①知识的根本作用和终极目的在于：学生通过学习知识获得可持续发展的能力，从而实现精神的超越与人的全面发展。预成论教学观颠倒了作为认识主体的人和知识的关系，使知识成为教学的目的，而不是人发展的工具和可能途径，结果必将背离知识对于人的精神的内在价值。传递知识虽然是教学必不可少的功能，但不是被动地、消极地复制知识，而是师生在特定教学环境中主动、积极地对知识进行改造和建构。学生的学习活动相对于"简单接受"和"机械记忆"而言，教学"生成论"认为，教师通过单向传递、硬性灌输和学生被动接受、机械记忆，很难获得真正意义上的个体知识，将学习的认知活动视作个体主动参与和自主建构的"生成"过程更符合学习的本意。个体不仅是知识意义的解释者，也是文化知识的创造者，这是对教学"预成论"知识观的重要补充和修正。

（四）教学目标的价值不在于定位而在于"定向"

在"生成论"教学观视域下，教学在本质上是教师与学生之间互动、合作对信息意义进行建构的过程。相对于预设性目标而言，生成性目标不再是僵化、固定的，而只是提供路标式的方向指引，即明确教学过程中师生行为的性质和方向，具有一定的随机性和灵活性，包含一定程度上师生共同建构的"不确定性"。教学过程各个环节的建构的意义不是呈线性、序列、累积的特征，而是由教学主体、教学内容、教学方法和教学环境等诸多因素构成的复杂系统。系统内部各因素彼此协同、相互渗透与融合，决定了教学目标不可能完全符合教学"预成论"所设想的一因一果、非此即彼的认知策略，而是呈现一因多果或多因一果、多因多果等非线性交错"网络"。为此，教学过程除了关注预设性因素以外，更要注重教学情境、内容、策略等诸多因素与环节的生成性。"生成"是人的认知结构的基本功能，"生成论"教学的核心是强调发展和创造，这一过程及其结果唯有主体的创造性在教学实践中得以充分发挥才能实现，这就意味着教学目标是难以全部预见的，这种不可预见性蕴含着教学"生成"与创造的可能性。只有超越"预成性"

---

① 金生鈜.规训与教化[M].北京：教育科学出版社，2004.

教学目标，确立关注人发展的"生成性"教学目标，才能发挥教学的功能与价值，在真正意义上实现人的发展。

三、"生成论"教学观在高校"思政课"教学中的表现形式与实践途径

反思我国高校思政课教学存在的难题与困境，根本原因就在于对"人"的理解囿于"预成论"这一传统思维方式，对人的抽象化理解必然导致与人的生活世界隔离。教学内容抽象化、纯理论化、空谈化（超越于现实生活），使传统"预成论"教学与学生个体发展之间存在内在的冲突与矛盾，既不能解除学生思想上的困惑，也不能解决学生的实际问题，削弱了思想政治教育客观存在的、满足个人自身发展需要的功能和价值，因而难以做到"深入人心、触及灵魂、引起共鸣"。为此，必须突破传统"预成论"思维方式的局限，从"生成论"思维角度切入人的生存状态，把对人作为抽象的外在研究对象，源于现实世界具有独特个性和多样性需求的人，实现高校思政课教学有单纯强调"理论灌输"的工具价值转向对人文价值的关注，从"人的全面发展"的价值角度来衡量思想政治教育的实效，实现思想政治教育的现代转型。

（一）高校"思政课"的价值导向功能，是在"预成"与"生成"的辩证统一中实现的

高校思政课程教学作为一种培养人的活动，与其他学科一样，要求教师遵循人的认知发展规律，对教学过程进行严密计划性、科学预期性和符合规范性的设计，可以在一定程度上避免教育过程的散漫和随意性，这正是教师主导地位的体现。合理的生成总是在目标导向之内进行的，如果生成偏离了目标导向，生成性成为一种随意自发的活动，那就无益于学生学科素养的培养，违背了生成的基本特质与精神，失去了生成性的教学价值。同时，作为塑造人的"灵魂"的思政课教学，其根本目的和价值使命不仅仅体现在社会主义意识形态的灌输功能上，而且体现在对人的主体精神和价值取向的引领。从此意义上说，高校思政课教学过程就是转化和生成的活动过程。转化和生成包括接受、理解、内化、外化等具体活动形式。教师借助现代化教学手段创设特定的教学情境，通过一系列教育方法的实施，不仅能培养和提升受教育者的知识水平、思维能力，更重视对受教育者情感、意志、兴趣、需要、信念等个性素质与价值判断的引导，激发学生的创造潜力，从而达到将社会主义道德规范内化为学生个体的道德信念、外化为学生的品德行为，将教学内容转化为学生的人生智慧，将人类文化成果转化为学生文化素质的终极教学目标，使人性更加丰富和完善。正如杜威所言："教育的过程是一个不断改组、

不断改造和不断转化的过程。"这是一个复杂的人格塑造过程，既有教师引导下的转化，也有非指导性的学生自主建构性的生成，是"预设中生成"与"生成中预设"的辩证统一。如果前者还具有一定的预设性和规范性，那么，后者表现出强烈的自主性和动态的发展性，虽然短期内难见显性成效，却体现了高校思政课教学的真正价值和根本目的。

（二）"生成"结果与"预设"目标之间的非线性关系，体现了高校思政课教学过程的创造性

人们的思想道德不是先在的、固定的、一成不变和等待解释的"预成性"存在，而是由主体、活动、关系和过程等多种因素构成并处于不断变化的生成性存在，从而决定了思政课程教学是一个多维度、多层次的动态发展和开放的复杂系统，其教学过程是多种因素交互作用的、充满无法预知变数的非线性序列，呈现显著的动态性和发展性。教师有目的、有意识的教学活动只是为学生的身心发展提供预设方向的引导，并非必然导致教学结果按预定的轨道实现。"生成"的核心是强调发展和创造，教学过程中的具体事件、教学情境、教学手段与方法、学生的个性化认识和反应等相关联的各个环节，都会直接引发教学结果的变化。只要容许这种变化存在，教育结果与教育计划存在差异或不一致就是必然的、合理的。这是一种潜在的教学创造。为此，教师在教学中除了重视思政课教学的预设性目标之外，还要关注其生成性目标。如果没有过程中动态生成的结果和价值，思想政治教育便丧失了创造力，只剩下杂乱无章的知识堆积。教育过程的创造性意味着对预设的规范、目标、流程的超越与拓展，更有利于教学的自然开展，以及学生良好个性品质和创造性思维能力的发展。教学过程既具有预设的确定性、客观性、普遍性和共同性，也具有不确定性、主观性、特殊性和差异性。这一双重属性决定了真实的教学效果并不一定是预设的教学目标的真实再现，而是师生之间通过信息交流、情感沟通、思想交融而"生成"的创造性、发展性结果，充分显示了学生个体在参与教学过程中的主体地位与作用。

（三）将教学内容融入人的生活世界，是实现高校思政课价值导向功能的实践途径

对于现代哲学而言，世界不再是与人无关的外在实体，而是对人具有价值和意义的生活世界。杜威的"教育即生活"和陶行知的"生活即教育"，就是试图使教育实践以教育主体为出发点，以现实生活为依托，实现教育向生活世界回归。这与"以人为本"的现代教育理念相契合，从更为深层的意义上去揭示高校思政课程对于个体成长、发展的人文关怀价值和功能，奠定了现代思想政治教育思维方式转换的理论基石，为新时期高校思政课的改革和创新、焕发其应有的生命力指明了方向。

高校思政课的教学对象是有思想、有情感、有精神需求的"现实的人"。学生的思想政治素质是根植于现实生活的，生活世界是教学的现实基础，教学内容、原则和教学方式理应是对现实问题的客观反映。在经济全球化和社会转型时期，社会生活和人们的思想观念发生了深刻变革，市场经济的平等、法治、竞争、效率、开放等意识，要求每个人的自由、平等和权利应得到社会尊重，增强了人的自主性和独立性；追求利益最大化是市场经济的运行法则和动力，人们的关系主要表现为经济利益关系，经济价值观和功利化倾向广泛且深入地渗透到社会的各个层面和领域，大学生的价值取向不可避免地存在多元化、功利化、矛盾化趋势。为此，高校思政课教育内容不能仅局限于理论化、抽象化，还应该用发展和变化的眼光把握思想政治教育所承载的社会意识和社会责任，根据社会发展和教育对象的特点把握教育内容的发展性和时代性。一方面，回归于"现实的人"，承认和肯定人的物质追求的合理性。"人们奋斗所争取的一切，都与他们的利益有关"，这一论断精辟地揭示了物质需求是人内在的本质规定，是人生存与发展的基础，满足人的正当需要是不可剥夺的权利。另一方面，关注利益与道德的冲突，将正视人的利益和提升人的境界结合起来，以社会主义核心价值观引领大学生的价值追求和道德精神走向。高校思政课教育内容"回归生活世界"，并不意味着简单等同于回归日常生活，满足于学生日常生活的需要，使其教育内容"庸俗化"，从而削弱"思政课"在政治方向和人的精神境界的导向功能，而是要求必须立足于市场经济的内在要求，正视现实生活中的矛盾和学生最关心的实际问题，将大学生的思想政治教育融入关心、帮助和为学生服务的教学实践中，在遵循学科的目标导向与必要的理论内容前提下，"以大学生全面发展为目标""坚持以人为本，贴近实际、贴近生活，贴近学生，努力提高思想政治教育的针对性、实效性和吸引力、感染力"；以学生已有的经验和社会生活为基础，把体现中国特色社会主义发展需求的思想观念、道德规范与学生的日常生活紧密联系起来，引导大学生正确处理"利"与"义"、物质追求与精神提升的关系，探寻实现人生价值的正确途径。这是对大学生长远发展的一种终极关怀，也是高校思政课教育实效性的最终体现。

第三节　高校思政课程教学中的人文情怀

习近平总书记指出，做好高校思想政治工作要因事而化、因时而进、因势而新。新时代，推动高校思想政治工作、上好思政课程，需要改革创新，借助新手段、探索新模式、解决新问题，更需"政治要强、情怀要深、思维要新、视野要广、自律要严、人格要正"

的思政课程教师。习近平总书记的"情怀说"对高校思政课程教师具有一定的启发意义。笔者结合自己的从教经历，提出高校思政课程教师应具有的三种人文情怀境界。

一、第一种境界：用心投入是思政课程教师做好教学工作的基本要求

大千世界，从古至今，任何人、任何行业，若没有用心投入的精神，是很难把工作做好的。北京师范大学吴玉军教授认为，目前有很多人因工作、生活、前程表现出一种焦虑、浮躁、紧张的情绪，表现出消极行为，引发了社会情绪波动。他倡导公民要理性平和、积极向上、自尊自信、用心地对待工作，做一行爱一行。

一个人对一份工作用心，就要舍得投入时间、投入精力。高校思政课教学是大班教学，经常是一百三四十人的大课，且不同专业混合编班。在这种情况下，仅凭教师一人维持课堂纪律、确保授课效果，难度可想而知。怎么办？这是摆在思政课程教师面前的一大问题。要很好地解决这个问题，思政课程教师就需要投入大量时间和精力研究，找原因、寻对策。

某学期笔者带的一个大班的一百三十五人由社会体育和广告学专业的三个班组成。这个班的课堂气氛太"活跃"，但又一问三不知，课堂纪律差。笔者决定采取非常策略，先找各班班干谈话，了解各班具体情况；再找特定学生聊天，查找原因。

一翻"折腾"过后，发现"活跃"的原因是他们觉得（"马克思主义基本原理概论"哲理性太强听不懂……针对这些原因，笔者在备课上花了很多时间和精力找资料、找视频、找案例、找往年考研真题等。在教学内容上，笔者力争做到深入浅出；在教学方式上，根据教学内容灵活运用案例教学法、情境教学法、视频教学法、实践教学法等；同时充分利用QQ、微信、博客、论坛、短信和电子邮件等形式，与学生进行教学互动、疑难解答和思想交流；利用课间、课后时间对个别学生进行面对面地直接辅导。经过双方不懈的努力，在轻松、活泼的课堂气氛中获得了良好的教学效果。

二、第二种境界：真诚沟通是思政课程教师做好教学工作的有效途径

这里的"真"既指"真实"的表达，又有"真情"表白的意思。思政课程教师要能够掌握学生情感形成规律，以"真情"的教育方式逐步把处于自我中心的情感内容，提升到以社会和生活为中心的理性情感层次，且能够重视学生的情感过程体验和感悟，促进学生健康、快乐地成长。

记得华中科技大学校长李培根院士在本科生毕业典礼上做了题为"记忆"的演讲，时间 16 分钟，却被掌声打断了 30 多次，被学生亲切地称呼为"根叔"。"根叔"的演讲为何能受到莘莘学子如此热烈的追捧？原因就是他的"真"。"根叔"没有端起院士、校长的架子，而是把学士当作唠嗑、谈心的平等对象，这就是"根叔"的真情流露。一如他的这句演讲："亲爱的同学们，也许你们难以有那么多的记忆。如果问你们关于一个字的记忆，那一定是'被'。我知道，你们不喜欢'被就业''被坚强'，那就挺直你们的脊梁，挺起你们的胸膛，自己去就业，坚强而勇敢地到社会中去闯荡。"他没有说官话、打官腔，正是他的真情拉近了他与学生之间的距离；他的真情让人感到亲切。

"诚"即"诚信"，达到"彼此信任"。思政课程教师不仅要做到"真"，还要做到"信"。只有取信于学生，才能收到教育效果的最大化，这就要求思政课程教师授课话语不能高高在上，遇到问题学生不能简单地加以训斥。正所谓"一言可兴邦，一言可误国""一人之辩重于九鼎之宝，三寸之舌强于百万之师"，温暖的话语可以做到"药到病除，言至心开"。思政课程教师要以真诚、开放的态度对待学生，无论在课上还是在课下都不回避矛盾，不回避敏感尖锐的问题。学生看到教师真诚、实事求是摆事实讲道理，也就会真诚、开放地与教师进行沟通交流。

要做到真诚沟通，关键是要换位思考。有的学生上课迟到、早退、上课看手机、听音乐、交头接耳、窃窃私语等，教师要解决这些问题，千万不能居高临下地粗暴训斥，而应该设身处地、以移情的心理机制换位思考，比如说，自己在学生时代会不会出现类似问题，学生出现这些问题的原因又是什么，等等。有时教师稍作换位思考，问题就能想通，解决起来就有方法。

要做到真诚沟通，本质是要"人情化"。教育不能强迫、逼迫，要遵循学生身心发展规律，满足学生的需求，引发成长的内在动机。教师用训导说教的方式和用温暖之手、动人之舌的方式，对学生的教育效果往往是非常不同的。例如，在一节课结束时问问学生，这节课中我的哪句话让你印象深刻，或者你从这节课当中学到了什么，而不是一味灌输和说教。

要做到真诚沟通，根本方法是"差异化"。学生上课出现问题，原因有很多。有的是学生的自觉性差，有的是学生的悟性不高，有的是教师监管不到位；解决起来不能"一刀切""模式化"，而应该有针对性地采用解决特殊问题的特殊方法。

三、第三种境界：亲情感化是思政课程教师做好教学工作的崇高境界

爱是亲情感化的核心。有人说，世上有很多东西，给予他人时是越分越少，有一样东西却是越分越多，这种东西就是"爱"。爱，不是索取，不是等价交换，而是付出与给予，是自我牺牲。一名教师，尤其是一名思政课程教师，首先要有一颗爱心，因为教育本身意味着一棵树摇动另一棵树，一朵云推动另一朵云，一颗灵魂唤醒另一颗灵魂，是以德育德、以行导行、以智启智、以性养性、以情动情的过程。多数大学生离开父母，远离家乡，开始独立生活，面对新环境、新生活很可能会出现短暂的不适应。教师不能用说教的口吻、居高临下的姿态或有丁点厌烦的情绪面对那一张张茫然不知所措的面孔。教师要像对待家人朋友一样对待学生，要像处理自己的事情一样为学生排忧解难，在语言上做到质朴柔和，在态度上做到真诚恳切，在心理上做到放松缓和、以情感化。

思政课程的特点是传播国家意识形态，引导青年树立科学的世界观、人生观、价值观，而我们的教学对象、所处的国际国内环境、政治社会生态已发生巨大变化。"以学生为本，以亲情感化"是教师的教学理念，要让学生成为课程的主人，成为教师的朋友。他们对人生、对国家、对世界的认识和困惑，可以与教师共同探讨，在追求真理中启迪思想、陶冶人生，获得思想的升华。教师要坚守以"学生为本"的理念，以亲情感化为出发点，突出现实导向，不断创新多种教学方式，才可能逐步达到思想政治教育"内化于心、外化于行"的效果。

上述三种境界是笔者在多年从教过程中逐步得出的一些感悟，无论是用心投入，还是真诚沟通、亲情感化，过程都是非常艰辛、漫长的，一如王国维先生概括的治学三境界。无论如何，作为人类灵魂工程师的教师，我们要时刻记住，在我们举手投足时，有一双双眼睛在默默地注视，有一颗心灵在静静地倾听。所以，教师要更加谨言慎行，也许一句话语的不周，可能就伤害了某个脆弱的心灵；也许一次工作的懈怠，可能就打击了某个向善的品行。相反地，一次真诚的鼓励，或许就能让曾经迷失的学生不再迷茫；一份温暖的真情，或许就能让濒临崩溃的心灵重新燃起生命的希望。

回顾历史（总结教学经历），是为了未来的路走得更好。习近平总书记针对新时代如何上好思政课程做了十分重要的、系统的讲话，强调用新时代中国特色社会主义思想铸魂育人，并做了一系列重要部署。作为一名人民教师，一名思政课程教师，对此深受鼓舞和激励，永远不会忘记自己身上肩负的责任，在播撒知识的同时，也把美好的情感、精神种在学生的心田。

第四节　高校思政课程的教学语言锤炼

现代教育背景下的思政课程教学，应依据党的十九大的要求进行创新。因此，高校教师应利用多元化的教学语言，不断丰富课堂、锤炼课堂主体，使传统的理论课教学模式得到优化。基于上述，本节分析了高校思政课程的本质，探讨了锤炼课堂语言的作用，并根据当前高校思政课程教学所存在的问题，给予针对性的解决措施。

高校教师不仅是学生学业的向导，更应以培养学生的思维辨析能力为核心，让学生的道德素养得到全面提升。由此可见，教师应不断优化课堂本身，改变传统教学方式的缺陷，锤炼出合理、科学的教学语言，从而提高学生的学习积极性和学习兴趣。同时，在锤炼教学语言的过程中，教师需将思政的课程框架融入其中，并凝练出最精简的语言逻辑和语言结构，使学生吸收先进的教学思想内容。

一、高校思政课程的本质

高校思政课程主要以中国特色社会主义思想为本质，让学生在思政课程中学习与时俱进的学科思想，有利于让学生在认清自我的过程中了解唯物主义的内涵，培养学生的"公民"意识。由此，充分认知高校思想政治课的本质，有利于提高思政课堂教学的教学效率，其本质体现在：第一，理论课包括当前社会的发展方向和发展形式，如社会荣辱观和发展性思想的特点。第二，课程需要侧重于对学生性格和差异进行分析，如需要对学生人生和生活方向进行解惑。第三，需要使学生明白生活和学习的关系，厘清思政必修课的重要性。第四，课程也强调对学生综合素养的培养，特别是对学生应变能力的开发，逐渐发掘最适合学生自身的发展方向。

二、锤炼思政课程教学语言的作用

锤炼思政课程的教学语言，能让学生在一定教学计划范畴内形成发展性的人生价值观，有利于让学生掌握最正确的思想观念。因此，教师需重视锤炼课堂语言，培养学生的思维能力，使学生清晰认知正确和错误内容的区别。所以，教师精准锤炼思政课堂的语言内容，理解课程的核心作用，有利于彰显思想道德水平的意义。其作用主要包括以下几点：

（一）提高课堂效率

思政课堂应使用精干、简洁的语言，同时利用新媒体突出某一事件的过程及影响。如现阶段大学课堂会借助新媒体技术进行教学，利用精准的语言讲述社会主义指导性思想，有利于让学生在潜移默化的教学引导中形成社会主义意识，这对于提高课堂教学效率是有利的。同时，思政课程对学生的成长是有利的，因此锤炼思政理论课语言能显著提高课堂效率。

（二）突出教学重点

精干的语言能让学生根据板书了解到课程的重点。教师可以通过阐述思政理论课框架，借助对应的教学手段细化某一知识点内容的讲述，有利于加深学生对理论内涵的理解；同时，通过系统的教学介绍，有利于让学生确保其身心健康，使学生的物质、精神思想得到满足。此外，学生可借助学习工具明白相关知识点的运用方法，并在学习中举一反三，有利于减少学生之间、师生之间的沟通矛盾，从而构建更稳定的教学环境。

三、当前思政课程教学的不足

（一）可实践性不足

由于当前思政理论课程大多仅局限于课本，可能会导致实践课程与理论课程相脱节。在此过程中，若教师仅使用板书形式讲述新时期的政治思想，而不对这些思想的内涵进行深度探讨，可能会让部分学生不能理解这些理论的含义，使这些理论在运用到生活实际当中时，极易降低学生对课程的积极性。同时，某些理论课程没有实践数据的支撑，未能贯彻"实践是检验真理的唯一标准"的思想，也会对学生的认知理解有消极影响。

（二）活动课程较单一

思想政治理论活动课程较单一，很多高校在进行相关课外活动教学时，以张贴横幅、发布思政课程宣传单为主。通常这些单一的教学模式的教学效果并不是很好，还容易使学生产生逆反心理，甚至还会对思政课程有抵触的情绪。同时，在保证活动安全的前提下，活动课程的设置时间也存在一定的不科学性，如占用了学生的放假或周末时间也是导致理论课程有效性不高的原因之一。

（三）理论内容灵活度不高

高校思政课程的呈现形式多数以讲述传统思想理论为主，而这些理论的灵活度不高，不少学生会出现早退、逃课的现象。同时，很多教师没有将新媒体教学方式与传统教学模式相结合，或者整节课程以播放电影视频为主，未利用微博、微信、微课、抖音等资源，这无疑造成了学习资源的浪费。此外，某些学生的学习态度不端正，或者教师未将学生的优势体现出来，导致学生不能将学习精力倾注于课堂上。

四、锤炼思政课堂教学语言的措施

（一）精练课堂语言，突出教学重点

思政理论课程是烦琐且乏味的，这就要求教师能够把握住教学重心，并围绕这一教学重心进行总结。所以，教师在引出教学问题的同时，需要使用较为精练的语言总结这一问题所涉及的知识点和相关内容，使学生在认知规律的过程中掌握理论内涵，不断活跃学生的思维，从而彰显出课程的实践性。具体应从以下几方面进行内容精练：

第一，需要把握政治课程的严谨性。所有理论课程都是非常严谨的，教师需要以理性、客观的态度看待所遇到的问题，使用精准无误和平和的语气对这一问题进行或深或浅的探索；通过以较为正式的形式，引导学生对问题进行推理探索，以此提升概念内容的准确性和严谨性。当学生对某一理论问题有所疑问时，教师也应积极对这一问题系统地进行解答。例如，在湖南工业职业技术学院思政课堂上，教师引导学生以自己的认知讲述"生命接力"的意义。课堂上，学生讲述了自身的经历，借助视频对这一事件进行呈现。由此，学生理解了骨髓捐献的使命，也从这位学生身上学习到了担当和责任的内涵。值得注意的是，这一过程必须保证事件内容的严谨性，这样才能引导学生认知"奉献"二字的使命意义，也有利于让学生自主发现身边的小事，透彻理解社会主义核心价值观对个人成长的作用。

第二，需要把握学术语言的规范性。任何政治学术语言都是极其专业的，所以教师需要精准用词，使用规范的术语和针对性的逻辑推理，让学生信服。例如，在讲述利润和收益的关系时，教师需要借助对应的生活场景，对所涉及的经济问题进行探知和分析，借助数字阐述问题和事件的真实性。在探讨"经济贸易"这一问题时，教师可以结合各国的经济储备、经济情况进行探索，引导学生利用精准的数字分析基本理论的差异性。

第三，需要把握理论的关联性。几乎所有思政理论都是有关联的，教师需要分析出理论的层次特点，借助每一层级的大小进行条理划分。由此，教师一定要注意课程内容的先后顺序，在必要的条理中予以层层推进，使专业的术语得到有效拆解。这有利于学生明确学习计划，也能让学生听懂思政理论内容并理解关联理论内容。

（二）完善理论储备，发挥教学特点

诸多课程理论都是与时俱进的，教师需要不断学习政治基础理论，不断丰富自身的理论储备量，发挥出独特的教学特点和教学观念。由此，教师需要认知到国学、历史、

政治、经济学、心理学等方面的内容。一方面是由于心理学、经济学能够提升教师本身的气场，有利于让教师就不同的学生特点进行分析，同时结合专业性、针对性的应用举例，提高授课的有效性。此外，教师需要展现出自身独到的教学特色，在开展教育的同时丰富课堂本身，具体应从以下几方面进行探知：

第一，根据教学大纲，策划出导学方向。例如，教师可结合某一政治或社会方面的热点，要求学生以"实验"的角度进行理解，同时对这个问题进行预测和讨论。当学生提出不专业或是调侃性的言论时，教师必须对这位学生进行针对性的指导，同时重点强调课堂的纪律性，使学生在开导过程中把握严谨、专业的心理，这对于活动开展是有利的。

第二，结合教学内容，提升课堂主动性。教师应改变传统思政课程模式，将课堂侧重于对学生的引导和讨论。教师可采用分组教学模式，将学生分成人数相近的教学小组，引导学生在小组讨论中进行学习、互动和理解。同时，教师更需要要求学生养成适合自己的学习方式，根据这一学习方式进行学习与记忆，有利于提升课堂的实效性。

（三）利用新媒体平台，寓教于人

传统、晦涩的语气和方式可能会让思政课堂枯燥无味，难免会让学生缺乏对思想政治课程的学习积极性。因此，教师需采用以下方式进行创新：

第一，巧用微课教育，同时借助时尚、热门的网络用语，让思政课堂不失活力。由此，教师可引入带有正能量的词语，借助诙谐、幽默的风格阐述问题，能让课程更有意思，也能让教师有事半功倍的实际效果。

第二，教师应利用微信、微博的教学方式，对课堂语言进行教学设计，使教学课堂不失文学色彩。"00后"的大学生思想普遍都较为前卫，所以教师需要采用更加亲和的网络流行用语进行教学探究，也能拉近师生之间的距离。但是，相关网络用语也不可过度引用，这样可能会让课堂丧失严谨性。因此，网络教学应当做到恰到好处，不可过多。

第三，当理论教学中出现歧异时，教师应当合理调节讲课音量，切不可让教学过于官方和沉重，特别是有学生出现早退现象或随意讲话的现象时，教师应机智化解，尽量不要伤害学生的自尊心。当有学生想在课堂上发表自己的观点时，教师应该利用多媒体平台，鼓励学生利用最为合适的方式表现自我，有利于缓解紧张、单一的课堂氛围。

（四）营造良好的教学氛围，彰显教学语言魅力

教师营造良好的教学氛围，采用积极、向上的态度进行理论课程的教育，有利于让学生积极参与课堂探索，使师生的思维、情感、意识产生共鸣。因此，需要从以下几方面开展：

　　第一，教师应深度挖掘现有的教材内容，同时进行思考、总结，将生活中的时事、政治、文化元素融入实际教育，培养学生的发散性思维，使学生能根据课本中的理论知识联想所涉及的相关案例，有利于提高学生的代入感。例如，教师可对"全国两会"的内容进行讲解，分析会议内容培养学生综合管理能力，同时让学生积极表达自己对时事政治的看法。这不仅有利于让学生学习到现有的知识理论，还能提高学生的课堂积极性。

　　第二，教师需要采用幽默、风趣的语言对具体的知识点进行讲解，有利于为枯燥的学习课程提供良好的教学氛围。例如，教师可引入部分网络词汇，分析网络词汇的词性用法，从而活跃课堂气氛，让学生明白思想政治课堂的作用。但是，教师需要注意切忌不要大面积使用网络词汇，可能会导致对理论内容的讲解、分析不到位，或是课堂的专业度不高，无法引发学生对某一事件、某一案例的思考。

　　第三，可采用探究式教学活跃传统课堂的气氛，引导学生利用互联网查询学科资料，同时对某一知识点进行探讨。另外，教师需要提炼教学语言，采用简单、易懂的语言讲述不同理论的内涵，凸显学生的主体地位，有利于让学生更深入、更专注地探究具体的学科问题。此外，教师也需要在课堂中融入其他学科的内容，如社会学、心理学方面的内容，同时采用温和的语气，及时关注学生的心理状态，使学生积极、主动地思考、探究。

　　第四，教师需要在课堂中播放微课内容，内容可选择有教育意义的社会形势，让学生采用不同的思路进行思考、判断，以此总结出开放性的答案；通过不断丰富现有的教学资源，提高教学的灵活度，从而避免出现学习资源的浪费情况。同时，灵活、生动的课程也能逐渐提高课堂的影响力，让学生摆正态度进行思考探究，进而养成自主思考、综合探究的好习惯。

　　综上所述，充分发挥高校思政课程的特色，并借助时尚、鲜活的教学语言，利用合理的教学方式，有利于凸显思政课堂的教学氛围。同时，教师也需要不断完善自己，不断强化语言的表达效果，让课堂语言具有穿透力，有利于让思政教学模式更加多元化。

参考文献

[1] 马克思，恩格斯.马克思恩格斯选集 [M].中共中央马克思恩格斯列宁斯大林著作编译局，编译.北京：人民出版社，2012.

[2] 詹明信.晚期资本主义的文化逻辑 [M].张旭东编，陈清侨，等译.北京:生活·读书·新知三联书店，1997.

[3] 霍克海默，阿道尔诺.启蒙辩证法 [M].渠敬东，曹卫东译.上海:上海人民出版社，2006.

[4] 伊格尔顿.历史中的政治、哲学、爱欲 [M].马海良，译.北京：中国社会科学出版社，1999.

[5] 巴特勒.解读后现代主义 [M].朱刚、秦海花，译.北京:外语教学与研究出版社，2010.

[6] 陈嘉映.海德格尔哲学概论 [M].北京:生活·读书·新知三联书店，2005.

[7] 马克·波斯特.第二媒介时代 [M].范静哗，译.南京：南京大学出版社，2000.

[8] 罗伯特·洛根.理解新媒介 [M].何道宽，译.上海：复旦大学出版社，2012.

[9] 保罗·莱文森.新新媒介 [M].何道宽，译.上海：复旦大学出版社，2011.

[10] 保罗·莱文森.软利器：信息革命的自然历史与未来 [M].何道宽，译.上海：复旦大学出版社，2011.

[11] 尼尔·波兹曼.娱乐至死 [M].章艳，吴燕莛，译.桂林：广西师范大学出版社，2009.

[12] 格雷姆·特纳.普通人与媒介:民众化转向 [M].许静，译.北京:北京大学出版社，2011.

[13] 马歇尔·麦克卢汉.理解媒介:论人的延伸 [M].何道宽，译.南京:译林出版社，2011.

[14] 约斯·德.穆尔·赛博空间的奥德赛 [M].麦永雄，译.桂林：广西师范大学出版社，2007.

[15] 马克·波斯特.信息方式：后结构主义与社会语境 [M].范静哗，译.北京：商

务印书馆，2000.

[16] 王学俭，刘强.新媒体与新媒体时代高校思想政治教育 [M].北京：人民出版社，2012.

[17] 王虹，刘智.新媒体时代高校思想政治教育创新研究 [M].北京：中国社会科学出版社，2012.

[18] 蔡帼芬.媒介素养 [M].北京：中国传媒大学出版社，2005.

[19] 成长春.网络思想教育新论 [M].开封：河南大学出版社，2006.

[20] 宫承波.新媒体概论 [M].北京：中国广播电视出版社，2009.

[21] 徐志坚.人文精神的时代内涵与大学生人文素质培养 [J].常熟理工学院学报，2001，15（6）：18-20.

[22] 曹宜冰，潘驰群，余静.音乐美育与大学生综合素质培养研究 [J].课程教育研究：学法教法研究，2017（16）：63-64.

[23] 邱燕.音乐教育在当代大学生综合素质培养中的作用 [J].北方音乐，2019（11）：114-115.

[24] 彭喜保.提升公民法治意识之路径探析：以核心价值观为视角 [J].知与行，2017，（5）.

[25] 王欣瑜.高等教育中人文精神的缺失和重塑 [J].内蒙古财经大学学报，2018，（3）.

[26] 石银.传统文化的人文精神对当代青年德育的启示 [J].思想政治教育研究，2019，（1）.